Biblioteca di ImpresaLavoro

© 2016 Giuseppe Pennisi e Stefano Maiolo
Edizioni "Biblioteca di ImpresaLavoro"
Prima edizione: marzo 2016
ISBN: 1530184088
ISBN-13: 978-1530184088

Giuseppe Pennisi e Stefano Maiolo

LA BUONA SPESA
Dalle opere pubbliche alla spending review
Guida operativa

impresa lavoro
Centro Studi

PREFAZIONE

La politica italiana, in tutt'altre cose affaccendata, non ha prestato alcuna attenzione (o quasi) al programma quinquennale di *spending review* presentato al Parlamento di Westminster dal Cancelliere dello scacchiere britannico George Osborne (uno dei principali contendenti per un alloggio a Downing Street No.10 alle prossime elezioni politiche). Eppure, è stato uno dei temi principali di discussione non solo del Regno Unito ma anche degli Stati Uniti e della Francia (dove il "rientro" nei parametri europei di rapporto tra indebitamento e Pil sta riportando in auge quel *programme de rationalisation des choix budgetaires* che negli Anni Ottanta fu uno di principali strumenti che portarono all'accordo del Louvre sul cambio fisso tra franco francese e marco tedesco).

Anche se non si è necessariamente in sintonia su alcuni aspetti specifici della *spending review* delineata da Osborne, dopo tante *spending review* all'italiana che hanno prodotto ben poco, vale la pena esaminarne gli assunti di base e il metodo. Potranno essere utili per la Legge di stabilità del 2016 per il 2017, se Governo, Parlamento e dirigenti delle amministrazioni e delle autonomie li sapranno cogliere e mettere a frutto.

Alla sua base, c'è un concetto forte: quello dello *Enabling State*. Non è concetto nuovo: lo elaborò teoricamente Sir John Elvidge quando nel 2012 era *fellow* del Carnegie Institute, ma è stato divulgato dal saggio *The Enabling Society* di Peter Hicks del 2015. In essenza, vuol dire che i compiti dello Stato nella sfera economico sociale sono quelli di permettere a ciascun di dispiegare a pieno le proprie capacità, anche quelle solo potenziali. È un concetto liberale che permette di attuare una *spending review* che non sia una caccia a politici e funzionari "spreconi" ma che fornisca una base forte che può essere declinata anche in parametri quantitativi.

Il concetto sarebbe, infatti, un mero tema da dibattito intel-

lettuale se non fosse espresso in obiettivi precisi. Dalle tabelle e
dai grafici nel documento portato da Osborne in Parlamento, si
mostra che lo si può raggiungere facendo fare una svolta a 'U'
alle tendenze della spesa pubblica: in percentuale del Pil questa
dovrebbe passare dal 45% nel 2010 al 36% nel 2020. I traguardi
vengono monitorati ogni anno dall'*Office for Budget Responsability*. A titolo di raffronto, in Italia la spesa delle pubbliche amministrazioni è pari al 51% del Pil ed i documenti di Governo au-
spicano di portarla al 47% nel 2018, anno della scadenza naturale
della legislatura. In breve, partiamo da una situazione molto più
grave delle Gran Bretagna: per oltre sei mesi lavoriamo per fornire risorse alla pubblica amministrazione, che li intermedia in base
a vari obiettivi. Soprattutto, i vari tentativi di *spending review* di
questi ultimi anni hanno documentato inefficienze e spese, pagate
con un aumenti tributari e para-tributari a carico dei cittadini e
delle imprese.

Occorre, però, un programma chiaro del Governo con traguardi specifici e monitorabili. Non tutti i traguardi saranno condivisi-
bili da un elettorato uso a mance elettorali. Non sarebbe realistico
l'obiettivo di ridurre di dieci punti percentuali l'incidenza della
spesa pubblica sul Pil, nel contesto di un'Italia che non cresce o
cresce poco ed ha comunque una vasta area (il Mezzogiorno) in
condizioni arretrate. Per i primi anni, si deve porre un obiettivo
più contenuto – da modificare, però, quando, anche grazie ad un
Enabling State più efficace, più efficiente e più snello, la crescita
riparte e si mantiene a livelli (attorno al 2,5%) compatibili con la
struttura demografica e produttiva del Paese.

Il concetto di base della *spending review* annunciata dal Cancelliere dello scacchiere resta però valido. Non è neanche necessario creare un *Office for Budget Responsability* come in Gran
Bretagna poiché è missione specifica della Ragioneria generale
dello stato (Rgs), specialmente se all'ufficio studi vengono affida-
ti i compiti per cui è stato concepito. Inoltre, l'Ufficio parlamentare di bilancio (Upb), di recente istituzione, può aiutare il Parlamento a stimolare e vigilare Rgs e Governo tutto (specialmen-

te i Ministeri di spesa). L'Italia è stata per decenni plasmata dal pensiero della scuola liberale di scienza delle finanze (si pensi a Benvenuto Griziotti) che, con quella svedese, ha preceduto americani, britannici e francesi nell'elaborazione di teorie, metodi e procedure di valutazione.

Dispone inoltre di un migliaio di dirigenti e funzionari pubblici formati presso la Scuola nazionale di amministrazione (Sna) tra il 1995 ed il 2007, quando la direzione della Sna decise di chiudere questa linea di attività.

Metodi e tecniche vengono applicati principalmente agli investimenti in opere pubbliche, i quali hanno un effetto di breve periodo (attivare capacità produttiva non utilizzata) ed uno di medio e lungo periodo (migliorare il capitale sociale e quindi la produttività). Nel nostro Paese – lo documentano recenti studi della Banca d'Italia e della Banca europea per gli investimenti - imprese, lavoratori e cittadini sono penalizzati a ragione del pessimo stato delle infrastrutture e della mancanza di finanziamenti per realizzarli, nonché dalla carenza di strumenti operativi per valutarne effetti e redditività finanziaria e sociale. Inoltre la spesa pubblica per infrastrutture è scesa a poco meno dell'1,5% del Pil, rispetto al 3,5% del Pil negli Anni Ottanta (in linea con la media Ocse di allora, leggermente caduta oggi in buona misura a ragione della riduzione nell'Eurozona e più particolarmente in Italia) e del 2,5% alla fine degli Anni Novanta (in gran parte a ragione della contrazione della spesa pubblica per poter essere ammessi nell'Eurozona). Dall'inizio della crisi finanziaria ad oggi, la spesa pubblica in conto capitale ha subito una riduzione del 40% circa. Ridotta a livelli così bassi la spesa, ci si concentra necessariamente su piccoli interventi di completamento e manutenzione straordinaria. Utili e spesso urgenti (si pensi alle strade di Roma Capitale), ma ben lontane dall'afflato che si aveva quando, ad esempio, negli Anni Sessanta il traforo del Monte Bianco venne costruito in appena tre anni e l'autostrada del Sole ci veniva invidiata in tutto il mondo.

Il Centro Studi ImpresaLavoro, consapevole della gravità del problema, ha sponsorizzato la pubblicazione di questa *Guida Operativa* realizzata da Giuseppe Pennisi (Presidente del Comitato Scientifico del Centro Studi) e da Stefano Maiolo (Componente del Nucleo di Valutazione e Verifica degli Investimenti Pubblici della Regione Lazio) con l'obiettivo di diffondere, in linguaggio semplice ed accessibile a tutti gli interessati, i metodi di valutazione della spesa pubblica. Una prima versione del lavoro è stata approntata nel 2006 presso la Sna, ma non è stata pubblicata ed utilizzata unicamente a fini didattici. A tale versione hanno collaborato anche altri esperti. Questa versione incorpora regole e direttive nazionali ed europee attualmente in vigore ed è strumento essenziale per la migliore utilizzazione dei fondi comunitari. Mette l'accento sulla spesa in conto capitale perché è il comparto con maggiori esempi e casi di studio, ma indica come, seguendo ad esempio, l'esperienza degli Stati Uniti, metodi e procedure possono essere applicati anche alle spese di parte corrente.

La *Guida* si propone di essere utile a tutti coloro interessati al miglioramento della spesa pubblica, separando il grano dal loglio, tramite quindi una *spending review* permanente ed istituzionale. È un contributo che il Centro Studi ImpresaLavoro, in linea con il suo obiettivo di operare per un'Italia più moderna e più giusta, offre a tutti gli italiani, quali che siano i loro sentimenti politici.

Massimo Blasoni
Presidente Centro Studi Impresa Lavoro

INTRODUZIONE

Questo non è un nuovo manuale di metodi, tecniche e procedure di valutazione della spesa pubblica ma una *Guida operativa* ossia uno strumento di lavoro per dirigenti e funzionari delle amministrazioni dello Stato (centrali e periferiche), delle Regioni e delle Autonomie locali (Città metropolitane, Comuni, Comunità montane) che tiene conto di metodi e tecniche più recenti di valutazione delle opere pubbliche.

La *Guida* è anche un utile strumento per cogliere al meglio i principi e le tecniche che emergeranno dal nuovo Codice degli appalti, che recepirà le Direttive dell'Unione europea n. 23, 24 e 25, rispettivamente in materia di Concessioni, Appalti Pubblici e Settori speciali (acqua, energia, trasporti e servizi postali), nel quale entro la primavera dell'anno corrente, sulla base della specifica delega del Governo, le Istituzioni coinvolte nel processo di riordino del nuovo Codice, principalmente Autorità nazionale anticorruzione (Anac) e Ministero delle Infrastrutture, daranno vita all'attesa rivoluzione in termini di procedure, trasparenza ed efficacia degli investimenti pubblici.

A differenza di altri testi in commercio (nati in gran misura per corsi universitari e post-universitari), questo lavoro parte della premessa implicita che i dirigenti ed i funzionari della Publica amministrazione (Pa) vengono solo raramente chiamati ad effettuare valutazioni economiche quantitative di politiche, strategie, programmi e progetti di spesa pubblica in prima persona. Sovente il loro compito è quello di impostare valutazioni effettuate da consulenti e da esperti (nominati in seguito ad una gara o altra procedura concorsuale, oppure in base ad un rapporto fiduciario con l'organo politico o con l'organo di alta amministrazione), di monitorarle, di controllarle, di sollevare, quindi, con questi economisti e tecnici di settore le domande appropriate al fine di tenere conto dei principi generali di economicità di buona amministrazione nonché degli obiettivi specifici dell'operazione di spesa. È in questo spirito e questa ottica che si è tenuto a sviluppare in linguaggio semplice e piano concetti anche complessi e solo di recente acquisizione al lessico dell'economia e della finanza. Altra ipotesi implicita è che i dirigenti ed i funzionari delle pubbliche amministrazioni hanno di norma una preparazione giuridico-istituzionale piuttosto che economica e finanziaria. Da un lato, il lavoro è il risultato di oltre 30 anni di ricerche e di applicazioni nelle materie specifiche della valutazione. Da un altro, è il frutto di dieci anni di corsi in questi campi tenuti presso la Scuola superiore della pubblica amministrazione (Sspa, ora Scuola nazionale di amministrazione Sna), Istituti di formazione regionale, Università italiane e straniere, nonché della direzione o partecipazione a Nuclei di valutazione ed ad attività di valutatori indipendenti per conto di enti quali la Banca mondiale, la Banca interamericana di sviluppo, la Commissione europea. Da un altro ancora, è l'esito di ricerche recenti sulla comunicazione della valutazione.

In premessa, occorre sottolineare che "valutazione" è un termine per molti aspetti ambiguo. In economia ed in finanza, vuole dire sia attribuire valore sia creare (od aumentare) valore. Tuttavia, la valutazione non riguarda unicamente dimensioni ed argomenti economici e finanziari (ossia i rendimenti economici alla collettività e finanziari ai singoli soggetti coinvolti, gli *stakeholder*) oppure tecnici (ad esempio, se il progettato ponte regge il carico previsto) ma anche tematiche sulle quali i filosofi e gli scienziati sociali in senso lato (sociologi, antropologi, politologi) hanno molto da dire. Nelle sue varie connotazioni il termine vuole essere sia scientifico sia orientato a facilitare le decisioni che il *management* deve prendere. In questa *Guida operativa*, l'accento è posto sulla valutazione economica e finanziaria (anche in quanto richiesta dalle autorità europee per una gamma sempre più vasta di finanziamenti) ma non si può non tenere conto delle altre dimensioni e in particolare di come le nuove metodologie di analisi riescono ad incorporare questi vari aspetti (pur privilegiando quelli economici e finanziari).

La stessa valutazione economica e finanziaria (sia essa di una politica, di una strategia, di un programma, di uno o più progetti ciascuno distinto nella propria integrità progettuale) può riguardare aspetti molti differenti. I principali sono: a) l'incidenza (in che misura una politica od un progetto di spesa incide su altre politiche o progetti, sui comportamenti degli *stakeholder* e, dunque, sulla politica economica nel suo complesso); b) gli effetti e gli impatti (quali sono gli effetti e gli impatti di una politica o di un progetto di spesa su alcune variabili obiettivo, quali l'occupazione, il valore aggiunto, la struttura di produzione oppure su altri settori o territori differenti da quelli direttamente interessati dalla politica e/o dal progetto in questione); c) i risultati attesi e/o conseguiti (in termini di raffronto tra cosa si intende conseguire e cosa si è effettivamente conseguito) sia per i singoli *stakeholder* sia per la collettività.

Non solo i risultati (attesi o conseguiti) dall'utilizzazione di risorse, specie se pubbliche, rappresentano la casistica di valutazione a cui deve più frequentemente rispondere il dirigente ed il funzionario pubblico, ma sono anche la tipologia di valutazione per la quale sono state elaborate il metodo, le tecniche e le procedure di più facile apprendimento e maggiormente in uso presso le istituzioni finanziarie internazionali, la Commissione europea, le amministrazioni centrali dello Stato dei Paesi Ocse (Italia compresa), le Regioni e le autonomie locali in generale: sono il metodo, le tecniche e le procedure dell'Analisi costi benefici (Acb) nelle sue due principali accezioni di raffronto tra i costi ed i ricavi afferenti i singoli *stakeholder* e tra i costi ed i benefici per la collettività.

Mossi anche dallo spirito innovativo del D.Lgs 228/2011 in materia di analisi e valutazione degli investimenti relativi ad opere pubbliche, che mette in luce nelle Amministrazione centrali il permanere dell'esigenza di operare attraverso una pianificazione pluriennale delle opere sulla base principalmente di un determinato livello di fabbisogni, questa *Guida operativa* analizza anche alcune criticità che impediscono, diversamente da altri Paesi membri dell'Unione europea (Ue), un utilizzo ottimale delle risorse a partire dalle scarse pratiche di analisi e valutazione dei progetti in opere pubbliche e di pubblica utilità, proponendo al contempo possibili indirizzi per meglio cogliere le opportunità attuali e future nell'utilizzo delle risorse disponibili per il rilancio della struttura economica italiana.

CAPITOLO 1

LA VALUTAZIONE
E IL SUO SVILUPPO STORICO

1.1 Premessa

All'inizio del terzo millennio, l'analisi economica delle politiche pubbliche è al centro del dibattito europeo. Da un lato, il dibattito concerne la coerenza dei parametri di finanza pubblica con quelli previsti dal "patto di crescita e stabilità" per i Paesi dell'unione monetaria (un indebitamento netto della Pa, non superiore al 3% del prodotto interno lordo, Pil ed uno stock di debito pubblico non superiore al 60% del Pil): la lente è puntata sulla spesa di parte corrente e sullo stock di debito. Da un altro, il dibattito riguarda l'analisi economica delle infrastrutture e del loro potenziamento in quanto temi che meglio si prestano ad essere ben definiti e corredati dei dati puntuali necessari per una valutazione economica quantitativa. In primo luogo, nei Paesi industriali a reddito medio-alto ed elevato, le infrastrutture del secolo appena iniziato hanno caratteristiche molto differenti da quelle delle infrastrutture realizzate nel 19simo e nel 20simo secolo.

Lo sottolineava, già circa 12 anni fa, Alice Rivlin, a lungo alla guida del Congressional Budget Office (Cbo) degli Stati Uniti: la spesa pubblica in conto capitale, e la spesa privata ad essa associata, riguardano sempre meno la realizzazione di nuove infrastrutture (aprire strade o ferrovie, costruire centrali elettriche) con forti esternalità ed interdipendenze (di cui al capitolo 4) per le attività produttive (e, quindi, con rientri poco differiti nel tempo) e sempre più la manutenzione straordinaria e l'ammodernamento del parco di infrastrutture esistenti, oppure il collegamento e l'innalzamento degli standard per lotti o tratti di infrastrutture costruite in un arco di diversi decenni e con caratteristiche tecniche ed economiche molto differenti, oppure ancora investimenti per la

qualità della vita (miglioramento ambientale, sanità, risorse umane). I *Trans European Networks* (*Ten*), ad esempio, costituiscono
un grande schema di ammodernamento di infrastrutture fisiche
attuate nel corso degli ultimi due secoli, ove non precedentemen-
te, nonché di politiche di intervento pubblico ad esse associate.
In effetti, la valutazione ha riguardato, in primo luogo, la spesa
pubblica in conto capitale: a metà del 19° secolo, in parallelo con
i primi programmi di infrastrutturazione in Francia, gli ingegneri-
economisti della *Grande Ecole* di *Ponts et Chaussées*, come Jules
Dupuit, cominciarono a riflettere su questi temi impostando le
basi della valutazione economica dell'investimento pubblico (l'a-
nalisi costi benefici - Acb) quale ancora, in linea di massima, seguita in gran parte dei Paesi industriali e rivisitata nei suoi aspetti
di fondo solo circa 30 anni fa.

Sotto il profilo concettuale diventa difficile delimitare l'ambito stesso del progetto quale formazione di capitale fisico ed
intervento di politica economica, specialmente quando non si
è alle prese con infrastrutture del tutto o principalmente nuove.
Mentre proprio nei dibattiti europei appaiono impostazioni concettuali differenti o anche divergenti (in seno all'Ue) su cosa debba intendersi per politiche, programmi, "reti" e progetti e sulle
metodiche di valutazione (nonché sulle tecniche e le procedure)
ad essi pertinenti. Ad esempio, nelle ultime sessioni dei Consi-
gli europei dedicati ai programmi per le infrastrutture, è apparso
chiaro che per "reti" i Paesi latini intendono principalmente la
formazione di capitale fisico (autostrade, porti, ferrovie), mentre i
Paesi dell'Europa del Nord (guidati da Berlino, ma con il supporto vagamente celato di Parigi) puntano sulle tecnologie dell'informazione e della comunicazione (banda larga, digitale terrestre
e simili). Sono differenze concettuali, non solo di enfasi, su cosa
debbano essere le "reti" del 21simo secolo. Senza dubbio è possibile, anzi essenziale, coniugare calcestruzzo e ferro con *high tech*.
Ma il divario concettuale persiste per ragioni sia di diverso grado
di sviluppo delle infrastrutture fisiche (in generale, i Paesi latini
ne sono meno dotati di quelli del Nord Europa) sia di differente

struttura dei settori produttivi (nei Paesi latini, le costruzioni e l'industria pesante hanno un ruolo maggiore, nella struttura della produzione, di quanto ne abbiano nei Paesi nordici), sia di radicate tradizioni culturali su cosa debba intendersi per infrastruttura. Da un lato le autostrade dell'informazione, per fare un esempio, e le autostrade in asfalto sono sempre più complementari (si pensi ai telepass ed ai sistemi di pilotaggio satellitare), specialmente nel ridurre i costi per le attività produttive e migliorare, quindi la competitività di sistema. Da un altro, le infrastrutture, anche più tradizionali, dell'Europa del 21simo secolo saranno sempre di più una combinazione di *old* e *new economy*; ciò avviene, negli Usa, già in un comparto che pure oltreatlantico rappresenta per molti aspetti il "vecchio" del "vecchio" (nell'infrastrutturale): il trasporto merci tramite camion, anche nel ramo dove predominano i piccoli trasportatori, in Italia chiamati "padroncini". Ciò vuole dire nuove sfide nell'allestire e nel valutare i programmi di infrastrutture e le politiche e, in particolare, l'esigenza di metodi, tecniche e procedure che tengano conto delle differenze delle caratteristiche della spesa pubblica in conto capitale di questi anni rispetto a quelle di alcuni decenni fa.

Dall'inizio degli Anni Novanta, tuttavia, il dibattito sulla valutazione della spesa pubblica, specialmente in seno all'Ue, non riguarda solamente o prevalentemente la spesa classificata in conto capitale ma anche quella di parte corrente. Una determinante importante è stato il percorso definito per giungere all'unione monetaria (il trattato di Maastricht) e per rafforzarla (il patto di crescita e di stabilità, già menzionato). Da un canto, il dibattito ha riguardato come frenare i comparti di spesa di parte corrente, la cui crescita era più veloce: previdenza, sanità, pubblico impiego, trasferimenti agli enti locali, per fare esempi pertinenti alle discussioni ancora oggi in atto e vivaci in Italia. Da un altro, il dibattito ha posto l'accento sulla "qualità della spesa", ossia su metodi e tecniche di analisi per selezionare (anche all'interno di comparti di spesa di cui si intendeva rallentare la dinamica generale) le voci che meglio corrispondevano agli obiettivi di benessere sociale -

in termini tecnici alla Funzione di benessere sociale (Fbs) quale
definita dagli economisti specializzati in economia pubblica ed
in scienza delle finanze e quale utilizzata correntemente nell'Acb
per programmi e progetti di spesa in conto capitale. Una Fbs sintetizza gli obiettivi della collettività in termini di importanza relativa da darsi, ad esempio, alla crescita della produzione o dei
consumi, alla distribuzione del reddito, al riequilibrio territoriale,
alle risorse umane, alla promozione dell'innovazione e così via.
Raramente, come si vedrà nel capitolo 2, una Fbs è esplicitata con
il dettaglio e il rigore necessario e l'economista deve spesso rica-
varla dai documenti di politica economica. Ovviamente dato che,
nell'ambito dell'Ue, la spesa di parte corrente riguarda il 95-98%
della spesa pubblica complessiva , sarebbe bene valutare solo la
spesa in conto capitale.

Il dibattito sulla qualità della spesa non ha solamente aspetti
accademici o scientifici ma riguarda direttamente dirigenti e funzionari delle amministrazioni dello Stato (sia centrali sia decentra-
te), delle Regioni e degli Enti locali in quanto sono spesso i primi
ad essere chiamati dagli organi politici a collaborare alla messa
a punto di misure dirette a selezionare spese "di alta qualità" sia
in conto capitale sia di parte corrente. A riguardo, è interessante sottolineare che negli Anni Ottanta e Novanta, in Francia, c'è
stato un dibattito analogo – il "programma di razionalizzazione
delle scelte di bilancio"- svoltosi interamente in seno alla Pa (con
pochi contatti con il mondo accademico): un periodico edito dalla
Documentation Française, l'equivalente nel nostro Poligrafico e
Zecca dello Stato, pubblicava regolarmente gli studi e le analisi
sulla "razionalizzazione delle scelte di bilancio" condotti all'interno delle singole amministrazioni; si svolgevano spesso vivaci
confronti tra amministrazioni sul metodo e sul merito di tali studi ed analisi. Infine, è importante tenere conto che la tradizione
della valutazione nell'amministrazione italiana è di lunga data;
il solco, quindi, è tracciato. Questa *Guida operativa* è, per molti
aspetti, *path dependent*, ossia segue un sentiero pre-determinato
da coloro che hanno lavorato su questi temi nel passato, sotto il

profilo della metodologia (e dei conseguenti agganci con la teoria economica), delle tecniche e delle procedure operative.

1.2 Uno sguardo a ritroso

Sino ad un paio di secoli fa, l'intervento pubblico in generale concerneva principalmente la produzione e la distribuzione di beni pubblici, non rivali e non esclusivi (quali la giustizia, la difesa nazionale, l'ordine pubblico). Quello in particolare per le infrastrutture riguardava soprattutto opere con finalità militari (quali le vie consolari romane) o di sicurezza (gli sventramenti ed il riassetto urbanistico di Parigi e di Madrid nel 19simo secolo) oppure la ricostruzione dopo calamità naturali come i terremoti (quali quelle di Lisbona o di Catania nel 18simo secolo).

Gli obiettivi erano chiari e semplici; e tali erano anche i pertinenti parametri di valutazione e criteri di scelta, nonché le sedi delle decisioni su cosa finanziare e cosa non finanziare. Prima dell'intervento dello Stato nel campo dei "beni sociali" o "meritori" (la definizione varia a seconda degli autori), come l'istruzione, la sanità, le infrastrutture, gran parte di questi beni e servizi erano privati o forniti da privati (a pagamento o anche a titolo gratuito, come le "misericordie" esistenti sin dal Medio Evo in Italia centrale e settentrionale per la sanità). Lo stesso parco infrastrutturale veniva concepito e realizzato da investitori che facevano ricorso a quelle che oggi si chiamano tecniche di "finanza di progetto" (pagamento di pedaggi, finanziamento su prestiti obbligazionari o tramite ricorso al credito bancario). A partire dal 19simo secolo, con la crescente consapevolezza di esternalità ed interdipendenze inerenti non solo ai beni "sociali" o "meritori" ma anche alle infrastrutture, nonché dei vincoli tecnico-finanziari alla loro realizzazione da parte di privati (e della stessa opportunità politiche che fossero solamente beni di mercato), l'intervento dello Stato si è fatto sempre più diffuso ed incisivo pur se sino a tempi relativamente recenti (fino alla "grande depressione" nella prima metà del

20simo secolo), assorbiva una percentuale relativamente modesta della finanza pubblica degli Stati e dei prodotti interni lordi dei singoli Paesi. In generale, i meccanismi decisionali erano molto centralizzati. Si è verificata una progressiva discrasia, però, tra tali meccanismi, da un lato, e metodi e tecniche di valutazione – specialmente quelle di Acb. Tali metodi richiedono una vastissima gamma di informazioni tecniche, economiche, finanziarie e istituzionali. Essi domandano, invece, livelli decisionali molto vicini a coloro che concepiscono e realizzano i progetti (i soli in grado di possedere le informazioni necessarie e di padroneggiarle). Lo sottolineava, nella metà del 19simo secolo, proprio Jules Dupuit nel saggio ricordato; lo hanno ribadito coloro che circa 30 anni fa hanno rivisitato, in modo fondamentale, i metodi e le tecniche di analisi per l'allestimento e la valutazione della spesa pubblica; lo si riafferma ancora nei testi più utilizzati in Italia negli Anni Ottanta e Novanta su questi argomenti. Un equivoco di fondo è relativo alla concezione di quello che, nella letteratura degli Anni Settanta e Ottanta, veniva chiamato il *Central office for project evaluation* (o *Cope*); mentre nelle intenzioni iniziali, tale *Cope* avrebbe dovuto avere essenzialmente il compito di definire i cosiddetti "parametri nazionali" (tali da rispecchiare la Fbs) e le direttive per la stima dei "prezzi ombra" (di cui al capitolo 5), all'organo o ufficio sono stati di fatto attribuiti compiti operativi in merito alla valutazione delle politiche, dei programmi e dei progetti, specialmente di quelli di maggiore dimensioni od importanza strategica, nonché alle pertinenti decisioni di finanziamento. Tale orientamento è stato particolarmente forte in molti Paesi in via di sviluppo nonché in quelli dell'Europa centrale ed orientale ed ampiamente teorizzato in alcuni Paesi dell'Europa occidentale, come la Francia. Anche nel nostro Paese, dove è esistita dall'inizio del 20simo secolo alla fine degli Anni Sessanta una forte tradizione di analisi della spesa seguendo i precetti dei fondatori della scuola italiana di scienza delle finanze, nella prima esperienza di introduzione sistematica di tecniche di analisi costi benefici alla spesa in conto capitale (nel

1982-86), quello che ha più fatto difetto è stato il meccanismo centrale di allocazione delle risorse disponibili tra progetti concorrenti. Il nodo di fondo non è solo l'ammontare e lo spessore delle informazioni da padroneggiare ma concerne come e da chi vengono determinati gli obiettivi di politica economica e sociale in base ai quali allestire e valutare politiche e progetti, ossia la Fbs. Le metodologie e le tecniche di analisi, pure quelle sviluppate negli Anni Settanta e Ottanta, soffrono di un doppio problema: da un lato richiedono, una specificazione degli obiettivi di politica economica così dettagliata da essere raramente "fattibili" (specialmente se effettuate in modo centralizzato); da un altro, se (come spesso avviene) tale specificazione non viene effettuata o viene effettuata in maniera generale quale è caratteristica dei principali documenti di politica economica, finiscono con essere poco "credibili".

I tre livelli di decisione afferenti a politiche e a progetti europei (comunitario, statale, regionale/locale) rendono ancora più difficile la specificazione di un insieme unico o univoco di obiettivi – è ipotizzabile una Fbs Ue, una Fbs nazionale ed una Regionale e locale ed è anche ipotizzabile che le tre o più Fbs non siano convergenti; quindi, la definizione di parametri e di criteri di scelta (quello dell'Ue, quello dello Stato nazionale, quello delle autonomie locali che spesso coincidono solo in parte) si pone a più livelli. Dato che i prezzi o valori per il calcolo "economico" corrispondono agli obiettivi "economici", occorre definire con grande chiarezza a quali insieme di obiettivi ci si riferisce; in caso di contrasto tra insieme di obiettivi diventa particolarmente difficile dare al problema dei "prezzi ombra" (di cui al capitolo 5) una soluzione che sia chiara, trasparente e facilmente utilizzabile nel dialogo su progetti tra differenti livelli di governo e tra soggetti legittimati ad avere un ruolo nell'allestimento ed attuazione dei progetti medesimi.

1.3 La valutazione nella Pa

Le valutazione della spesa pubblica in generale e delle opere pubbliche in particolare da parte della Pa o per conto della Pa, come organo tecnico servente lo Stato ed i suoi Governi pro-tempore, prende spesso avvio da una metafora cara agli studiosi di scienza delle finanze e di diritto tributario: quella dell'interazione economica tra il castello (che provvede a fornire beni pubblici quali la giustizia e la difesa) ed il borgo (che produce beni e servizi e paga le tasse al castello per riceverne il corrispettivo di beni pubblici e, man mano che la società si fa più esigente, pure di beni "sociali" o comunque considerati "meritori" dalla collettività).

Il borgo controlla il castello seguendo l'approccio dell'analisi costo-efficacia (come si usa ancora per i beni pubblici) per minimizzare i costi totali (in termini di imposizione sul borgo), i borghigiani si rivoltano contro i castellani e riescono spesso a sostituirli con altri fattori, sempre seguendo lo stesso approccio costo-efficacia, o almeno più consapevoli dell'esigenza di minimizzare i costi totali per raggiungere un insieme di obiettivi (Fbs). Per la difesa nazionale, ad esempio, ci si basava su eserciti di professione ingaggiati di volta in volta pure presso unità politico-territoriale autonome o semi-autonome (analogamente a quanto si fa adesso ingaggiando valutatori, spesso liberi professionisti, e società di studi e consulenza). Tuttavia, anche se il metodo dell'utilizzo dei capitani di ventura ha fatto la fortuna di alcuni casati (in primo luogo quello dei Savoia), anche quando ci si affida a professionisti occorre una struttura pubblica che determini metodi, tecniche e procedure di valutazione.

In effetti, ciò avviene non tanto nel rapporto tra castello e borgo quanto ove l'esigenza della collettività di confrontarsi con certi importanti vincoli (naturali o di bilancio) costringe ad operare in comune ed a delegare (in lessico economico si direbbe in un rapporto agenzia-agenti) ad una categoria specifica (i dirigenti ed i funzionari pubblici, nonché i tecnici che li affiancano) la gestione di tali vincoli in tutta la sequenza che va dalla formulazione di proposte alternative alla attuazione di quella prescelta. L'analisi più pregnante è quella pubblicata nel 1957 non da un economista ma da un filosofo con una cultura di impianto storico e sociologico, Karl August Wittfogel, nella sua analisi delle "società idrauliche". In Egitto, in Mesopotamia, in America centrale, l'esigenza primaria di controllare i bacini idrici ed flussi della acque impose la costituzione di quelli che gli economisti chiamano "monopoli tecnici": ciò comportava, e comporta, meccanismi decisionali altamente centralizzati (al fine di effettuare speditamente le scelte necessarie) ed un corpo servente per aiutare, con le analisi valutative ed indagini di supporto appropriate, ad impostare tali decisioni, nonché a realizzare le azioni ad esse conseguenti ed aggiudicare eventuali vertenze. Sotto il profilo politologico (l'aspetto più studiato da Wittfogel) ciò conduce al "dispotismo", specialmente a quello di marca "orientale". Sotto l'aspetto economico, ciò definisce un modello esplicativo del ruolo e dei comportamenti tanto della Pa quanto della funzione di valutazione ad essa propria. La Pa, dunque, ha la sua nascita e la sua ragion d'essere nella finalità di massimizzare i benefici derivanti per la collettività da un bene "sociale" o "meritorio" (nel caso delle società idrauliche: le acque e la loro gestione) tenendo conto, ad esempio, di effetti esterni, di interdipendenze, di opzioni in capo a vari gruppi di *stakeholder*. Tale ruolo si espande e si modifica in funzione alla definizione di quelli che, a seconda del contesto storico-istituzionale-sociale, sono di volta in volta, considerati beni "sociali" o "meritori". Assume varie guise (sempre a seconda del contesto): dalla produzione in regime di "monopolio tecnico" a quella in concorrenza con il mercato, alla regolazione, e così via. In ciascuna di queste guise, è essenziale una valutazione in tutti i suoi aspetti – da quelli tecnici, a quelli finanziari, a quelli economici a quelli socio-organizzativi, a quelli sociologici veri e propri.

Poco sappiamo dei metodi, delle tecniche e delle procedure di valutazione delle società idrauliche descritte da Wittfogel. Possiamo, tuttavia, supporre che fossero articolati, rigorosi e disciplinati; la prova ne sono le opere pubbliche che ad oltre 2000 anni di distanza ci hanno lasciato. Articolati e rigorosi anche i metodi, le tecniche e le procedure di valutazione degli antichi romani, delle cui grandi infrastrutture si segue ancora il tracciato nei *Tens* (corridoi europei).

1.4 La valutazione nell'Europa del 19simo secolo e nell'Italia prima della seconda guerra mondiale

Per avere un corpus organico di valutazione occorre arrivare al 19simo secolo quando in Europa la sfera di beni e servizi forniti dallo Stato (non più il castello) si estende dai "beni pubblici" in senso stretto (indivisibili e non esclusivi) ai "beni sociali" o "meritori", in primo luogo le infrastrutture. Non è un caso che la prima trattazione analitica completa di perché e come si fa una valutazione di progetto risalga al 1844 ed alla *Grande Ecole de Ponts et Chaussées*, una delle 60 Scuole per la Pa operanti Oltralpe e la maggiore scuola di formazione di ingegneri civili in Francia; Jules Dupuit delinea in modo molto chiaro e molto rigoroso quelli che possiamo chiamare gli elementi di base dell'Acb con tratti superati solo nella rivoluzione della disciplina effettuata circa 130 anni più tardi nei manuali Unido e Ocse, ed attualmente in corso di ulteriore revisione (come si vedrà al capitolo 7).

Non che gli economisti non si interessassero di temi e di problemi di valutazione economica e finanziaria. Essa era al centro dell'attenzione di coloro che studiavano quella che successivamente sarebbe stata chiamata la politica economica e naturalmente di coloro più marcatamente contigui alla finanza , a ragione del finanziamento di grandi infrastrutture (specialmente in America tanto del Nord quanto del Sud) facendo ricorso a prestiti bancari ed ancora di più all'emissione di titoli obbligazionari. Di valutazione intesa come elemento di quella che sarebbe diventata l'economia pubblica e più specificatamente l'economia del benessere si interessavano, però, a cavallo tra la fine del 19simo e l'inizio del 20simo secolo, principalmente le scuole italiane e svedesi. Per il fatto stesso di scrivere in lingue di limitata diffusione internazionale, esse ebbero un impatto limitato sulla disciplina e soprattutto sui tentativi di dare ad essa un contenuto operativo.

Uno sforzo importante, poco conosciuto nel nostro Paese (nonostante sia studiato all'estero), si ebbe in Italia in età giolittiana, specialmente nell'opera metodologica e pratica di Giovanni

Montemartini. Non era un economista ma un dirigente pubblico con una marcata inclinazione alla politica attiva: è stato per diversi anni Direttore del Ministero dell'agricoltura, del commercio e dell'industria, nonché assessore al Comune di Roma. Montemartini ebbe notevole influenza nella cultura della valutazione allora sviluppatasi (per una breve stagione) nell'amministrazione comunale della capitale; essa portò ad un metodo per valutare l'istituzione ed il funzionamento di municipalizzate. Soprattutto, grazie alle proprie notevoli abilità linguistiche, Montemartini interagì con chi avvertiva esigenze analoghe in altri Paesi (specialmente negli Stati Uniti). Fu un periodo fecondo, terminato con il tramonto dell'età giolittiana e l'inizio di quel trasformismo della sinistra di Depretis che per propria cultura lesse l'intervento pubblico essenzialmente, ove non esclusivamente, in termini di convenienza particolaristica di breve periodo.

Non mancarono tentativi di valutazione economica delle opere pubbliche (principalmente le bonifiche) durante l'epoca fascista, come documentato nel monumentale lavoro storico dell'epoca effettuato di Renzo De Felice e dai suoi colleghi e discepoli; in certi momenti, furono anche causa di leggera invidia da parte del maggior "valutatore" di cui disponeva il Terzo Reich, l'architetto Albert Speer, l'urbanista che pianificò quella che sarebbe dovuta essere la "nuova" Berlino e che divenne Ministro della produzione nell'ultima fase della guerra. Parte della tradizione di valutazione dell'Italia degli Anni Venti e Trenta si ha nei manuali di Guido Menegazzi, che insegnò politica economica e finanziaria a Pisa sino alla fine degli Anni Sessanta. Più o meno in parallelo, negli Stati Uniti, con il *New Deal* si ebbe un forte aumento dell'investimento pubblico. Mentre nelle Università si sviluppava quella che sarebbe diventata la grande scuola americana di *public finance* e di economia del benessere, le agenzie federali americani introducevano metodi e tecniche di valutazione per grandi programmi a scopi plurimi, come quello per la sistemazione e gestione delle acque ed a meccanismo decisionale altamente decentrato nell'ambito della *Tennessee Valley Authority*. Ancora una

volta, sotto il profilo pratico-operativo, furono gli ingegneri non
gli economisti ad avere il primato ed a stilare quello che può essere considerato come il primo manuale operativo di analisi costi
benefici., la *Guida operativa* (*Greenbook*) del Genio civile Usa.

1.5 La valutazione economica nell'Italia del dopoguerra

In Italia (come peraltro in altri Paesi europei), il Piano
Marshall diede considerevole impulso alla valutazione. In Italia
in particolare, l'ufficio del Piano Marshall era diretto da un economista agricolo nato e cresciuto nel nostro Paese, già in cattedra
a 29 anni (all'Università di Firenze) e successivamente emigra-
to negli Usa in seguito alla leggi razziali, Viktor Sullam; il suo
assistente era l'allora giovane Hollis Chenery, successivamente
diventato uno dei maggiori teorici dell'economia dello sviluppo,
nonché a lungo Vice presidente della Banca mondiale incaricato
della ricerca economica (il "complesso" da cui, tra l'altro, uscì
negli Anni Settanta la manualistica sulla valutazione economica
adottata dalle principali istituzioni finanziarie internazionali, nonché da numerose Pa).

È in questo contesto intellettuale che nacque la Cassa per il
Mezzogiorno, sin dagli inizi dotata di strumenti di valutazione
e di strutture ad essa preposte. Un'indicazione che, nel contesto
dell'epoca, i metodi, le tecniche e le procedure utilizzate dalla
Cassa fossero di standard internazionale è data dal fatto che tutti
i prestiti della Banca mondiale all'Italia (che ebbe cinque importanti linee di credito sino al 1964) vennero fatti alla Cassa, con
la garanzia del Governo, per programmi e progetti che sarebbero
stati realizzati dalla Cassa, e non da un'altra Pa, per programmi
e progetti nelle competenze di queste ultime. I documenti della
Banca mondiale rivelano che i dirigenti dell'istituzione finanziaria internazionale con sede a Washington D.C. non ritenevano che
i dicasteri (anche quelli più marcatamente tecnici come Lavori
pubblici e Trasporti) disponessero di strutture in grado di effettua-

re la valutazione dei singoli progetti, da finanziarsi con le linee di credito messe a disposizione, ma che tali professionalità fossero presenti alla Cassa. Tra l'altro, la Cassa fu il primo ente pubblico italiano a pubblicare ed a diffondere (gratuitamente) la "Guida" alla valutazione dell'Unido.

In effetti, Sullam, Chenery e i loro colleghi dell'ufficio del Piano Marshall per l'Italia trovarono nel nostro Paese un terreno culturale fertile alla valutazione, grazie, in gran misure, alle esperienze fatte nell'Italia dell'epoca giolittiana e di quella fascista. A loro volta, i metodi e le tecniche della Cassa facevano solamente in parte riferimento all'Acb per la valutazione economica e finanziaria di programmi e progetti. Erano mutuati molto più su la *méthode des effets* (oggi si chiamerebbe il "metodo della stima degli impatti"- viene discusso al capitolo 6 di questa Guida) in uso in quegli anni principalmente in Francia grazie ai lavori dell'Istituto di scienze economiche applicate guidato da François Perroux e alla manualistica curata prima da Charles Prou e successivamente da Marc Chervel. È interessante, ad esempio, notare che, alla metà degli Anni Sessanta, lo studio di fattibilità per il polo siderurgico di Taranto era basato quasi interamente su questa metodologia. Non solo, la *méthode* plasmò molto la programmazione regionale dopo l'istituzione delle Regioni ed i programmi di aiuti allo sviluppo. Alla metà degli Anni Settanta un dibattito internazionale tra economisti dimostrò la sostanziale complementarità tra *méthode* ed Acb.

Con l'inizio della programmazione indicativa in Italia, la valutazione – ci si sarebbe aspettato – avrebbe fatto un salto di qualità e avuto una maggiore diffusione. Ciò non si verificò; da un lato, la Cassa del Mezzogiorno entrava in crisi di sovraccarico e lo stesso intervento pubblico nel Sud e nelle Isole creava, per eccesso di regolazione e di finanziamento, capitale umano improduttivo e distorsioni; da un altro, l'enfasi della programmazione si spostava dall'allestimento di singoli progetti e programmi a quello di vasti piani di settore da valutarsi principalmente sotto il profilo qualitativo. Soprattutto, le forti tensioni economiche sia internazionali sia interne degli Anni Settanta (crollo del sistema di Bretton Woods, crisi petrolifere) spostarono l'attenzione verso temi e problemi di gestione macro-economica a breve termine. Eppure proprio negli Anni Settanta, grazie principalmente al lavoro pionieristico di Unido e Ocse, e alla manualistica della Banca mondiale, i metodi, le tecniche e le procedure di valutazione facevano, nel resto del mondo, un grande passo avanti con la definizione di un nuovo concetto di programma e di progetto in quanto strumenti di politica economica (e non solo di creazione ed accumulazione di capitale) da valutarsi facendo ricorso ad una strumentazione con un forte ancoraggio teorico alla politica economica, ed in particolare alla scienza delle finanze, all'economia pubblica ed all'economia del benessere.

Non sono mancati, in quegli anni, tentativi di collegarsi all'evoluzione internazionale, ma non hanno avuto implicazioni istituzionali di rilievo sulla e nella Pa. Significativo il lavoro delle grandi società di studi e progettazione italiane (Elettroconsult, Italconsult) che in quel periodo operavano su grandi programmi esteri (l'industrializzazione dell'Iran, i trasporti dell'Arabia Saudita, le ferrovie della Turchia, le centrali elettriche di Africa ed America centro-meridionale) in stretto contatto, quindi, con la comunità internazionale della valutazione e, dunque, applicando i nuovi metodi di valutazione che avevano preso il nome di *social cost benefit analysis (Scba* nel lessico della letteratura economica anglosassone) o analisi dei costi e dei benefici sociali, ossia alla società nel suo complesso, alla luce della Fbs.

1.6 Dal tentativo di rilancio della valutazione negli Anni Ottanta alle nuove frontiere della valutazione

All'inizio degli Anni Ottanta, la valutazione parve divenire centrale alla programmazione per progetti, architrave della politica economica a medio termine (specialmente nei Piani triennali del 1981 e del 1982). Il tentativo nacque dall'idea di puntare sull'investimento pubblico (in quanto sotto il controllo diretto del Governo e della Pa) valutato con criteri internazionali ed in quanto strumento per raggiungere obiettivi di accrescimento del capitale sociale e di occupazione in una fase di forti restrizioni alla finanza pubblica.

Anche se il tentativo non ebbe successo, a causa principalmente del fallimento del meccanismo centrale di allocazione, esso fu accompagnato da un rigoglio di interesse e di attività tra cui la pubblicazione del primo manuale di valutazione per la Pa, nonché di una vasta pubblicistica e notevole visibilità sulla stampa anche quotidiana d'informazione. Nonostante, quindi, il cattivo esito politico e burocratico dell'esperienza 1982-1985, l'impatto del tentativo fu significativo: il seme era stato gettato e raccolto; si attendeva una nuova stagione per farlo sviluppare.

La nuova stagione è stata stimolata dalla crescenti domande di valutazione per concorrere ai Fondi strutturali europei gradualmente codificate nel corso degli Anni Novanta ma a cui, sin dall'inizio del decennio, si cercava di dare risposte coerenti con iniziative a proposte nazionali. Ciò ha comportato l'istituzione di nuclei di valutazione in tutte la amministrazioni centrali dello Stato e nelle Regioni; in questo clima di rinnovato interesse è nata l'Associazione italiana di valutazione (Aiv) e la prima rivista italiana specificatamente dedicata alla valutazione, il quadrimestrale *Rassegna Italiana di Valutazione* (Riv). In parallelo, il bimestrale *Osservatorio Isfol* pubblica una rubrica di schede bibliografiche sui principali contributi internazionali alla valutazione: l'Isfol, istituto pubblico di ricerca, mantiene nel suo sito *web* una bibliografia aggiornata sulla valutazione che nell'autunno 2006 aveva raggiunto 1600 titoli.

I metodi, le tecniche e le procedure di valutazione comunitarie contemplati nei vari cicli di programmazione, compreso quello attuale 2014-2020, rappresentano anche una fase in cui la valutazione economica, basata sull'economia pubblica e più in particolare sull'economia del benessere, perde gradualmente terreno rispetto ad altre metodiche di valutazione ispirate a discipline orga-

nizzative, sociologiche ed aziendalistiche. Parte di tale perdita di
terreno è da attribuirsi a carenze dell'Acb quale sviluppata negli
Anni Settanta e Ottanta come il crescente divario tra credibilità e
fattibilità e la crescente moltiplicità dei centri decisionali, spesso
con differenti visioni degli obiettivi della collettività, sebbene con
l'eccezione della sezione che cura la formulazione dei così detti
"grandi progetti comunitari".

Al tempo stesso, l'introduzione di metodi provenienti da discipline organizzative, sociologiche ed aziendali ha aperto la strada
per una revisione della stessa analisi economica tramite quello
che è stato un vero e proprio processo di *serendipity*: l'applicazione di tecniche come la *Swot* (*Strengths, weaknesses, opportunities
and threats,* punti di forza, di debolezza, opportunità e minacce)
per la costruzione di scenari progettuali, la centralità degli *stakeholder* nella costruzione di Fbs, l'utilizzazione di un armamen-
tario tecnico e procedurale inizialmente proveniente dalla finanza
per giungere all'analisi costi benefici estesa che tenga conto di
opzioni reali. Il processo di revisione in corso è delineato nel paragrafo seguente.

1.7 I metodi per la valutazione dell'intervento pubblico nel primo scorcio del 21simo secolo

In un libro italiano uscito a fine 2003, si cerca di uscire da questo ingorgo, prendendo l'avvio dalla constatazione che nel fare
analisi economica occorre sì applicare i metodi, le tecniche e le
procedure progressivamente affinate nel passato ma soprattutto
guardare alla revisione metodologica in atto derivante anche dalle differenze tecnico-economiche tra i programmi ed i progetti
di spesa pubblica da valutare in questi anni rispetto a quelli del
passato (anche relativamente prossimo). Oggi l'accento è su innovazione, nuove tecnologie anche ricerca di base piuttosto che
su nuove infrastrutture.

Il concetto di progetto di intervento pubblico in generale e di operazioni di spesa pubblica in particolare e, quindi, di metodologia di valutazione, ha subito un'evoluzione significativa. Negli Anni Trenta, è stato, per lo più legato, all'idea di formazione di capitale fisico (fare un ponte, costruire un sistema di scuole o di ospedali). Fino all'inizio degli Anni Settanta, per la valutazione della spesa pubblica e dei programmi e progetti d'intervento pubblico si faceva, dunque, ricorso principalmente alla teoria del capitale. Dalla metà degli Anni Settanta grazie all'apporto della manualistica Unido, Ocse e Banca mondiale ricordato in precedenza, si è affermato un nuovo concetto di progetto quale strumento di politica economica (che può comprendere la formazione di capitale fisico, ma non deve necessariamente includerla), da valutarsi alla luce di una Fbs, facendo quindi riferimento all'economia del benessere. Si sta ora sviluppando un concetto ancor più nuovo: l'intervento ed il progetto pubblico vengono visti come "opportunità" di politica economica poiché l'intervento pubblico può creare o distruggere opportunità (in gergo, "opzioni reali"), ossia alternative (cugine, sotto molti aspetti, delle "opzioni" finanziarie di chi opera sui mercati dei titoli derivati). L'evoluzione della politica economica, in particolare, il mix tra *old* e *new economy* e l'affermarsi dei nuovi paradigmi *dell'Information and communitation technology (Itc)* sono un ingrediente (o se si vuole un grimaldello) essenziale al cambiamento. Una loro caratteristica, infatti, è quella di aumentare l'incertezza: non solo il contesto economico internazionale e le sue ripercussioni su quelli nazionali appare più incerto di quanto non fosse nel passato ma l'intervento pubblico contiene sovente una forte dose di ricerca o di innovazione adattiva e comporta, quindi, un elevato grado di *serendipity*, ossia di scoperte di combinazioni progettuali effettuate anche durante il percorso alla ricerca di altro. Attenzione: l'estensione della valutazione alle "opzioni reali" non sostituisce la valutazione basata sulla teoria del capitale (con il programma od il progetto considerati come veicolo per la formazione di capitale fisso) o quella basata sull'economia del benessere (con il programma od il progetto concepiti come strumento di politica di politica economica); si aggiunge ad esse, dando loro una dimensione aggiuntiva più adatta all'"età dell'incertezza".

In un contesto economico sempre più caratterizzato dall'incertezza, la valutazione estesa alle "opzioni reali" consente di tenere conto degli aspetti dinamici dell'incertezza medesima. Non solo ciò rende possibile ricavare una funzione di obiettivi "oggettiva", derivandola dalle "opzioni" (di "creazione" e di "distruzione" di opportunità) che l'intervento comporta per gli interessati (in gergo, gli *stakeholder*), invece di lasciarla alla visione soggettiva del "valutatore" oppure di restare nel dilemma, tra "credibilità" e "fattibilità" delineato in precedenza. La metodologia è particolarmente adatta al supporto di decisioni in un quadro istituzionale fortemente marcato da devoluzione. Si risolvono, quindi, tre problemi centrali della valutazione economica: a) la definizione degli obiettivi (Fbs) e dei "parametri" ad essi afferenti; b) l'incertezza; e c) il livello di governo per le decisioni. Si risolve, soprattutto, un aspetto importante di politica e di democrazia: si pone fine alla figura spuria del "valutatore" (a volte privo di dimestichezza con tecniche quantitative di analisi) ed alla "arroganza", spesso opaca, di obiettivi progettuali (ove non Fbs) definiti dal "valutatore" medesimo. Gli obiettivi vengono, infatti, ricavati dalle "opzioni" (analizzate in modo quantitativo, quindi trasparente) per le principali categorie di *stakeholder*. L'elemento di arbitrio diminuisce anche se la definizione dell'area, o del bacino, degli *stakeholder* ne mantiene comunque alcuni tratti. In secondo luogo, l'Abc con "opzioni reali" diventa strumento di devoluzione poiché può essere effettuata solamente in una struttura di governo altamente decentrata, non in una in cui un "valutatore" (*apolitique, apatride et irresponsable*", avrebbe detto Charles De Gaulle) siede in un ufficio burocratico od in una società di studi e consulenza. In terzo luogo, il metodo consente di tenere conto, in maniera rigorosa e trasparente, di dimensioni che spesso sfuggono all'analisi quando si è alle prese con interventi di lunga gestazione.

Negli Anni Settanta e Ottanta, le profonde modifiche al concetto di progetto quale strumento di intervento pubblico e la parimenti profonda revisione dell'Acb è stata accompagnata da un vasto programma di sperimentazione guidato dalla Banca mondiale, nonché da un ampio programma di formazione guidato dall'*Economic Development Institute* che ha profondamente inciso su prassi ancora in uso in numerosi Paesi. Analogamente a quanto realizzato circa 30 anni fa, è essenziale sperimentare la metodologia, approfondirla, elaborare manualistica ed in parallelo dare vita a programmi di formazione. Sono in corso vari programmi paralleli di sperimentazioni. In ordine cronologico, il primo è stato avviato dall'Università Erasmus da Rotterdam nei Paesi Bassi; esso ha già portato alla sperimentazione della metodologia sulle reti aeroportuali europee e sulle implicazioni, in termini di opzioni, che esse offrono. Il secondo è un progetto di ricerca varato in Italia sotto gli auspici della Sspa. Il terzo è un progetto di ricerca triennale finanziato dalla Banca mondiale, in collaborazione con l'Università di Roma, Tor Vergata. Separatamente, ma in parallelo con queste iniziative, la Fondazione Ugo Bordoni (Fub) ha condotto un'analisi costi benefici estesa alle opzioni reali della transizione dalla televisione analogica alla televisione digitale terrestre. È importante sottolineare il ruolo dell'Italia, della Pa e della sua comunità di valutatori sia nell'elaborazione del metodo sia nella sperimentazione.

Negli ultimi anni in Italia si sta nuovamente assistendo al rifiorire della strumentazione dell'Acb anche a livello normativo. Il legislatore ne ha introdotto l'utilizzazione nella formulazione dei Documenti pluriennali di pianificazione imposti a tutte le Amministrazioni centrali relativamente alla selezione di programmi, piani e progetti in investimenti pubblici, grazie al D.lgs 228/2011. Tale intervento legislativo, che porta in sé numerose innovazioni, non solo procedurali ma anche selettive, di trasparenza e di efficacia delle opere pubbliche, potrà infatti estendere anche nei confronti degli Enti locali – soprattutto per le Regioni e le Città metropolitane - i propri contenuti; innovazioni che potranno ancorché rendersi necessarie con l'imminente recepimento delle Direttive comunitarie in materia di Concessioni, Appalti pubblici e regolamentazione dei Settori speciali.

Questa *Guida operativa* ha l'ambizione di essere un distillato di queste ricerche e sperimentazioni plasmato in un lessico che renda metodi e tecniche anche difficili alla portata di dirigenti e funzionari della Pa anche privi di una formazione economica.

CAPITOLO 2

LA VALUTAZIONE
DELLE POLITICHE ECONOMICHE

2.1 Premessa

I dirigenti ed i funzionari delle amministrazioni centrali dello Stato, delle Regioni e delle autonomie locali sono in varia misura coinvolti nelle valutazioni delle politiche economiche in tutti i loro stadi (da quello della formulazione e dell'allestimento a quello dell'esame ex-post della loro incidenza, dei loro effetti ed impatti, nonché del conseguimento degli obiettivi) e nella loro sequenza poiché in ultima istanza le politiche di spesa pubblica costituiscono il corpo di gran parte delle politiche economiche. Lo sono anche e soprattutto i cittadini man mano che la prassi del *débat public* (già in uso in alcuni Regioni e comuni) si estende.

È attività complessa che nei dicasteri economici riguarda le politiche macro-economiche e negli altri (ed ancor più nelle Regioni e nelle autonomie) concerne politiche settoriali, politiche del territorio e misure e/o progetti puntuali. Una più sistematica valutazione della spesa pubblica e delle politiche ad essa afferenti ne avrebbe forse modificato la dinamica: mentre nel secolo 1870-1970, la spesa pubblica è quasi triplicata rispetto al Pil, passando dall'11,8% al 33,7%, nel quarto di secolo tra il 1970 ed il 1993 ha raggiunto il 53% del Pil nel 2015 (un aumento, in termini di Pil, superiore all'incremento che si era prodotto nell'intero secolo precedente), nonostante le severe politiche di restrizione del disavanzo e del debito rese necessarie per essere ammessi nell'unione monetaria europea e per fare fronte alla crisi iniziata nel 2007-2008.

Questa *Guida operativa* riguarda principalmente misure e progetti puntuali (poiché è a questi ultimi che è rivolta l'attenzione del maggior numero di dirigenti e di funzionari pubblici) ma i metodi e le tecniche vengono talvolta utilizzati per programmi con una forte componente di spesa corrente, ad esempio, in istruzione e sanità. Dato che misure e progetti puntuali vengono di norma valutati facendo ricorso a strumenti micro-economici, è quindi a tali strumenti micro-economici che fa riferimento la parte centrale di questa *Guida operativa*. Tuttavia, raramente è possibile valutare singole misure o singoli progetti di spesa pubblica senza inserirli in un più vasto contesto settoriale, territoriale o macro-economico. In questo capitolo si riassumono i principali aspetti dei metodi per la valutazione territoriale o settoriale delle politiche macro-economiche, tenendo presente che, specialmente negli ultimi due lustri, la strumentazione di riferimento si è fatta molto complessa in quanto comporta il ricorso a modellistica econometrica difficile tanto da applicare quanto, più significativamente, della quale afferrare il significato pure quando si posseggono i fondamenti economici e matematici di base. In passato, prevalevano valutazioni qualitative delle politiche macro-economiche in generale e delle politiche di spesa in particolare; tali valutazioni erano spesso basate su una gamma limitata di indicatori (nuova occupazione creata, nuove imprese attivate, saldo di bilancio delle pubbliche amministrazioni e così via). Le analisi erano relativamente semplici, come si può constatare da pubblicazioni effettuate all'inizio degli stessi Anni Settanta, quando venne messo a punto il cosiddetto "Progetto Ottanta" che avrebbe dovuto modernizzare l'economia, e la Pa, dell'Italia.

Nello spirito di questa *Guida operativa* si intende indicare quali sono questi strumenti e quali sono i casi in cui applicarli, nonché le domande da sollevare agli esperti ed ai consulenti che vengono ingaggiati dalle Pa per condurre le analisi (ove si decida di fare ricorso a terzi esterni all'amministrazione). Non si intende, invece, fornire una sintesi di testi universitari o specialistici oppure un'integrazione a quanto è rinvenibile in tali testi. In questo spirito, in questo capitolo, vengono trattati i seguenti argomenti: a) la differenza tra politica economica "normativa" e politica economica "positiva"; b) i principali documenti di politica econo-

mica prodotti in Italia da cui dirigenti e funzionari possono trarre
dati ed analisi per la valutazione delle politiche economiche; c) la
strumentazione per valutare risultati attesi e/o conseguiti, effetti e
impatti, e incidenza.

2.2 Politica economica normativa e politica economica positiva

Quando si parla di valutazione della politica economica e delle
politiche pubbliche in generale spesso si dimentica che esse hanno due aspetti distinti anche se si integrano a vicenda: i) la politica
economica "normativa" e ii) la politica economica "positiva".

La prima consiste nel confrontare stati differenti di un sistema
economico dato, oppure comparare diversi sistemi economici,
alla luce di determinati giudizi di valore e nell'elaborare nuovi
giudizi di valore, in base ai quali valutare stati e assetti economici
alternativi. La seconda consiste, invece, nell'analizzare il funzionamento del sistema economico alla luce dei comportamenti dei
soggetti (gli *stakeholder*) in esso coinvolti e degli incentivi (premi
e/o penali, sovente il sistema di prezzi) che plasmano tali comportamenti.

Di solito, alla luce di vincoli prestabiliti (quali i conti con l'e-
stero, la situazione di bilancio pubblico, lo stock di debito pubblico), la politica economica "normativa" definisce obiettivi (una
Fbs, ossia, come si è accennato nel capitolo precedente, quali
sono gli obiettivi della società in termini di crescita, distribuzione
del reddito, andamento dei prezzi, saldi di finanza pubblica, saldi
commerciali e finanziari con il resto del mondo, e quant'altro) e
gli strumenti per conseguirli. Le valutazioni della politica economica "normativa" riguardano i risultati attesi quando la si sta
formulando e allestendo e i risultati conseguiti quando se ne fa un
esame retrospettivo. A volte riguardano i suoi effetti ed impatti
oppure l'incidenza di una politica (ad esempio quella dei trasporti) su altre ad essa connesse (ad esempio, il bilancio dello Stato,

l'occupazione, l'ambiente). Gli obiettivi vengono spesso enunciati in termini di alcuni aggregati (crescita del Pil, situazione dei conti pubblici e dei conti con l'estero, tasso di inflazione programmato, distribuzione del reddito interpersonale, intergenerazionale e territoriale). Gli strumenti di politica economica "normativa" sono, di solito la politica della moneta, la politica di bilancio e la politica dei prezzi e dei redditi. Per un Paese come l'Italia, che fa parte di un'unione monetaria, alcuni obiettivi chiave di politica di bilancio sono definiti nei trattati alla base dell'unione monetaria medesima (segnatamente "il patto di crescita e di stabilità" a cui si è fatto riferimento nel capitolo precedente), la politica della moneta è gestita collegialmente dai Paesi appartenenti all'unione tramite la Banca centrale europea (Bce), e la politica dei prezzi e dei redditi (o dei "patti sociali" oppure ancora del "dialogo sociale") ha avuto alterne vicende ed esiti non sempre chiari.

Le politiche "normative" comportano sempre e comunque una programmazione dell'intervento e della spesa pubblica per razionalizzare tanto il primo quanto la seconda, per definire parametri sulla cui base valutare le singole misure ed i singoli progetti e soprattutto per stabilire criteri di scelta per selezionare misure e progetti da finanziare e da attuare nel caso, peraltro molto frequente, in cui le risorse finanziarie disponibili non consentano di attuare tutti i programmi e tutti i progetti considerati meritevoli se valutati singolarmente. A fini analitici, si distinguono almeno queste tipologie di programmazione: i) omnicomprensiva centralizzata; ii) indicativa; iii) formale; iv) decentrata di mercato. Attualmente, nell'Ue ed in Italia si applicano diverse varianti della programmazione decentrata di mercato: una delle sue caratteristiche è che parametri di valutazione e criteri di scelta vengono definiti per interazione tra vari livelli di Governo (Europeo, Nazionale, Regionale, delle Autonomie) e dunque tra vari livelli di pubbliche amministrazione (come si è già accennato nel capitolo 1).

La politica economica "positiva" è essenziale per comprendere la dinamica tra i vari livelli di Governo e di Pa, le parti sociali, le famiglie, le imprese, gli individui – insomma gli *stakeholder* coinvolti e, quindi, per valutare sia gli obiettivi sia la congruità tra obiettivi e strumenti – ossia per allestire una politica economica "normativa" che sia realistica, fattibile e credibile. In effetti, l'approccio "normativo" si basa su due assunti scarsamente realistici: i) il sistema economico è composto da operatori indistinti (gli agenti economici indifferenziati); ii) i responsabili delle decisioni di politica economica sono anonimi, esprimono "la volontà del popolo" e si prendono carico di rappresentarla e di attuarla (sono, in breve, il buon re filosofo che ha come sola missione la cura della sua gente) o di farla attuare da una burocrazia anch'essa anonima e motivata solo dal desiderio di realizzare le indicazioni del "re filosofo". Questo modello interpretativo, pur utile per definire il nesso e la congruità tra obiettivi e strumenti di politica economica e valutarne coerenza, efficienza ed efficacia, rappresenta una semplificazione eccessiva di una realtà economica densa di contrasti e conflitti.

I soggetti sociali non sono affatto indistinti. Essi sono composti da individui sovente ben distinti e da gruppi, anch'essi di solito ben distinti. I gruppi sono una gamma vasta e diversificata: a) associazioni di interessi; b) associazioni di garanzia; c) sindacati; d) partiti; e) corporazioni di vario tipo; e) collettività religiose. Dietro ciascun gruppo, ci sono individui, con le loro motivazioni specifiche di appartenenza al gruppo. I processi di formazione delle politiche pubbliche dipendono dall'interazione tra i gruppi e nell'ambito dei gruppi nonché dai rapporti di potere tra gruppi e nell'ambito di gruppi.

Da interazione tra gruppi e rapporti di potere tra i vari gruppi e nell'ambito di ciascun gruppo scaturisce quella che in politica economica "normativa" viene chiamata Fbs ossia, come già detto al capitolo 1, l'insieme degli obiettivi di una società, i pesi relativi dati ai vari obiettivi ed i pesi distributivi interpersonali ed intertemporali e territoriali dati ai gruppi sociali ed alle loro preferenze.

Esaminiamo la politica di finanza pubblica degli ultimi 25 anni alla luce della distinzione tra gruppi. Essa è stata o non è stata uno strumento per la formazione del blocco sociale che ha dato origine alle varie maggioranze di governo? Tra le varie conclusioni, ne emerge sempre una: un peso molto elevato attribuito agli interessi legittimi delle generazioni correnti ed un peso molto basso attribuito agli interessi pur essi legittimi delle generazioni future. Secondo un'analisi di Alan Auerbach, uno dei maggiori specialisti Usa di finanza pubblica, per mantenere inalterato il sistema italiano di stato sociale (previdenza, sanità, ammortizzatori), la prossima generazione dovrà pagare, in termini reali, tasse ed imposte, nel corso della propria vita, pari a ben cinque volte quanto pagato dalla generazione oggi anziana.

I politici non hanno proprio il compito di riequilibrare in una visione di sintesi gli squilibri derivanti da interessi particolaristici? E la Pa, con la sue valutazioni imparziali, non ha quello di coadiuvarli a livello tecnico nell'effettuare la sintesi e di attuarne in modo asettico le decisioni? I responsabili delle decisioni di politica economica non sono anonimi. Hanno ciascuno un cognome ed un nome, un percorso più o meno predeterminato, dei traguardi personali e professionali. La politica economica "positiva" ci dice che i politici hanno preferenze proprie ed obiettivi propri. Sono spesso espressione dei gruppi sociali oppure si servono di tali gruppi oppure ancora, nell'ambito di tali gruppi, operano per i loro scopi. Essi perseguono comunque le proprie preferenze ed i propri obiettivi particolaristici: quanto meno quello, legittimo, di mantenere il loro ruolo e di accrescerlo, operando in base a deleghe (da parte dei loro elettori). Sono quindi ben differenti del "principe filosofo responsabile dell'azione pubblica" e "dei pubblici poteri", anonimo, e guidato solo dall'"interesse pubblico", quale delineato nell'approccio normativo della politica economica.

Anche i burocrati (la Pa) non sono né indistinti né anonimi. Al pari dei politici, essi operano per delega (di chi li ha nominati) per coadiuvare i politici nella formulazione delle politiche pubbliche e, in misura ancora maggiore, nella loro attuazione. Nel loro operare, essi hanno preferenze ed obiettivi propri a ciascuno di loro e li perseguono in modo individualistico e/o particolaristico. Lo stesso può dirsi per i cittadini-elettori. Le preferenze e gli obiettivi di ognuno di loro non coincidono necessariamente con l'anonimo ed indistinto "interesse pubblico" dell'approccio "normativo" dell'analisi delle politiche pubbliche e della politica economica. Quindi, non possono essere caratterizzati da quella imparzialità che è alla base del diritto amministrativo in Italia ed in altri Paesi. Proprio per questa ragione, la scienza della politica, la scienza dell'amministrazione, la sociologia, il diritto studiano le deleghe date ai politici ed ai burocrati e l'introduzione di procedure, di incentivi e di penali perché vengano esercitate in modo non distorto e/ o fuorviante. Questi sono tra i temi centrali di altre discipline, ma fanno anche parte della politica economica "positiva".

La teoria delle scelte pubbliche (*Public Choice*), ad esempio, applica la metodologia economica ai processi di formazione ed attuazione delle politiche pubbliche. È di impronta liberista, è stata elaborata principalmente dalla scuola della Università della Virginia, guidata dal Premio Nobel James M. Buchanan, scomparso di recente. Si è affermata progressivamente anche in Italia di pari passo con la crescente consapevolezza dei fallimenti del non-mercato (ossia dell'intervento e della spesa pubblica).

La "teoria delle scelte pubbliche" parte dall'assunto che ogni soggetto economico - ivi compresi i politici ed i burocrati - persegue il proprio interesse (legittimo e non legittimo) e mira, quindi, a plasmare le politiche pubbliche al fine di massimizzare i propri benefici, anche senza necessariamente catturare le istituzioni pubbliche. Nell'impostazione più frequente della teoria delle scelte pubbliche, il confronto tra i soggetti avviene in un contesto di asimmetria di informazione (ossia i vari *stakeholder* dispongono di informazioni differenti sotto il profilo qualitativo e quantitativo). Tale asimmetria è una delle determinanti della crescita della spesa e del disavanzo e debito pubblico: i benefici per pochi sono ben visibili e quantizzabili, i costi per molti lo sono molto meno, o quando lo sono, coloro che se ne devono sobbarcare (ad esempio, le generazioni future) non sono in grado di esprimere il loro punto di vista ed il proprio voto e/o di farsi sentire adeguatamente nell'interazione e nel conflitto tra soggetti.

La "teoria della cattura" ha i suoi antecedenti nel pensiero socio-economico di Marx: un gruppo sociale - i capitalisti – ha catturato gli strumenti di produzione (chiamate da Marx "le sorgenti della vita") e li utilizza per il perseguimento dei propri fini, plasmando a tale scopo le istituzioni. È stata riformulata dai socio-economisti all'inizio del 20simo secolo e tra le due guerre: il Premio Nobel Gustav Myrdal, ad esempio, studia "l'elemento politico" nella teoria pura della politica economica e lo individua nella suddivisione della società in ceti per fasce di reddito e di consumo.

Tale approccio ha, però, il massimo sviluppo negli ultimi 25 anni principalmente per impulso delle scuole liberiste delle Università di Chicago e della Virginia, in parallelo con l'affermarsi della "teoria delle scelte pubbliche". I gruppi sociali vogliono indirizzare ed influenzare l'azione delle istituzioni tanto in politiche pubbliche a carattere generale quanto per finalità specifiche. La cattura delle istituzioni è lo scopo principale che si propongono al fine di utilizzare le istituzioni medesime per il perseguimento dei loro fini (anche legittimi ed auspicabili). Il potere di indirizzo e di influenza viene esercitato tramite il voto, le campagne di opinione, le relazioni personali, la promessa ai politici e ai burocrati di vantaggi di vario tipo, la corruzione.

La democrazia – chiediamoci – ci tutelerà dalla "cattura"? Dal diventare prigionieri di interessi particolaristici? Il comportamento razionale degli elettori fa sì che le loro scelte si basino non tanto su principi ideali (pericolosi in quanto cambiale in bianco ai politici) ma quanto sul confronto tra le promesse, i programmi e le probabilità di realizzazione delle une e degli altri. Il mercato della politica è un mercato concorrenziale, ma come e più degli altri mercati di beni e servizi; al pari di questi ultimi, esso è un mercato imperfetto caratterizzato da asimmetrie, soprattutto informative. La concorrenza deve essere assicurata non solo nella fase delle elezioni e non solamente tra i corpi intermedi (i partiti, i sindacati, i rappresentati di industria, commercio e agricoltura) che concorrono a promuovere la partecipazione dei singoli, ma anche all'interno delle istituzioni e dei corpi intermedi (concorrenza infra- istituzionale). Le nuove frontiere della valutazione delle politiche economiche e della spesa pubblica inducono a considerare simultaneamente aspetti "normativi" ed aspetti "positivi".

2.3 I principali documenti di politica economica

Dirigenti e funzionari delle Pa ed i cittadini utilizzano spesso la stampa quotidiana e periodica come loro principale fonte di informazione economica e, quindi, anche per una prima approssimativa valutazione delle politiche economiche. Spesso questa non è la fonte più appropriata in quanto – come ha documentato di recente l'economista americano J. Bradford Delong – fornire informazioni esatte in materia economica non è la principale priorità delle redazioni: "È più importante essere alla moda, accontentare i direttori ed i redattori capo, mantenere buoni rapporti con gli uomini politici e con le fonti di informazioni riservate. Rispetto a tali imperativi informare il pubblico dell'effettivo funzionamento dell'economia e dei dilemma della politica economica presenta relativamente scarso interesse: l'economia ha un attrattiva molto inferiore a Hollywood come stimolo alla lettura dei giornali e, di conseguenza, la copertura della nascita del figlio di Brad Pitt e Angela Jolie sembra attività molto più seria di numerosi articoli di economia; parimenti, l'attività di Governo, specialmente in campo economico, è meno succulenta, per i giornali e per il pubblico, della "Coppa del mondo".

Il problema non è dal lato dell'offerta: anche le redazioni economiche più preparate devono venire a patti con una domanda che privilegia la cronaca e lo sport e che desidera informazione economica "ad effetto".

Una ricerca effettuata dalla Sspa nel 2003 tra dirigenti e funzionari della Pa centrale dello Stato rileva che, in linea di massima, nella pratica quotidiana, essi attribuiscono, nell'ordine, questa importanza relativa alle principali fonti di informazione ed analisi in materia di politica economica: a) riviste professionali e accademiche specialistiche; b) quotidiani specializzati; c) informazioni in tempo reale da Internet; d) quotidiani non specialistici (d'informazione generale); f) periodici specialistici; g) periodici non specialistici.

È da presumere che preferenze analoghe vengano espresse da dirigenti e funzionari delle Regioni, delle Province, dei Comuni e delle Autonomie in generale. Tuttavia, nella indagine del 2003 solamente pochi dirigenti e funzionari hanno indicato di dare alta priorità a quelli che sono i principali documenti di politica economica da cui attingere le valutazioni dell'organo politico in materia di politica economica in generale ed in particolare di politica dei prezzi e dei redditi e le motivazioni addotte a supporto di tali valutazioni.

Allora erano:

1. Il Documento di programmazione economica e finanziaria (Dpef) di norma pubblicato entro il 30 giugno di ogni anno con analisi e previsioni per i successivi tre anni.

2. La Relazione previsionale e programmatica (Rpp) con cui, entro il 30 settembre di ogni anno, il disegno di legge sul bilancio annuale e pluriennale dello Stato (la legge finanziaria) viene inviato dal Governo all'esame del Parlamento.

3. La Relazione generale sulla situazione economica del paese (Rgse) di norma presentata a fine aprile a consuntivo degli andamenti tanto macro-economici quanto nei principali settori ed aree territoriali nell'anno precedente.

Con la legge 39 del 7 aprile 2011, per rispondere alla necessità di adeguare la programmazione degli obiettivi economici e finanziari alla normativa europea per quanto riguardava tempi di presentazione e procedure, e quindi al ciclo di bilancio degli Stati dell'unione monetaria, il Documento di economia e finanza (o Def), ha sostituito il Documento di programmazione economica e finanziaria (Dpef), in quanto documento all'interno del quale vengono messe per iscritto tutte le politiche economiche e finanziarie del Governo. In conclusione il Def, che consiste di solito in un testo abbastanza voluminoso, sancisce la politica economica, cioè regole e criteri dell'andamento economico e finanziario all'interno della struttura dell'emanatore stesso, nonché i risultati che la struttura dovrà raggiungere, e normalmente vengono indicati anche i tempi di realizzo dei risultati finali oggetto del documento stesso. Viene discusso in Parlamento che si esprime con una risoluzione contenente anche proposte di emendamenti. Va presentato dal Governo al Parlamento entro il 10 aprile di ogni anno. Nel Def si delineano gli scopi che il bilancio pluriennale intende perseguire e si delimita l'ambito entro cui costruire il bilancio annuale. Scopo del Def è quello di permettere al Parlamento di conoscere con anticipo le linee di politica economica e finanziaria del Governo; quest'ultimo è politicamente impegnato a redigere il successivo bilancio annuale secondo i criteri che sono emersi dal dibattito parlamentare.

In materia di politica monetaria, invece, occorre fare riferimento alla Relazione annuale della Banca d'Italia ed ai Bollettini mensili della Bce. Tanto la prima quanto i secondi includono spesso interessanti sezioni monografiche.

Sono stati effettuati dalla seconda metà degli Anni Ottanta vari tentativi di sviluppare documenti di politica economica "positiva", simile al *Report to the Nation* americano, peraltro redatto da un istituto privato molto autorevole: la Brookings Institution. Quelli che più si avvicinano a questo obiettivo sono i rapporti periodici dell'Istituto di Istat, soprattutto il documento che ogni luglio presenta un consuntivo dell'anno precedente ed un rapporto previsionale che a volte include una valutazione controfattuale delle previsioni e stime del Def. Essenziali sono omunque tutti i rapporti e i dati Istat, soprattutto il rapporto annuale di norma presentato in maggio. Naturalmente per valutazioni di politiche settoriali o territoriali, i punti di riferimento principali sono i piani settoriali (trasporti, istruzione, salute) e i programmi di sviluppo regiona-

le, alcuni dei quali si basano su modellistica econometrica anche
molto avanzata.

2.4 Gli strumenti di valutazione delle politiche

Occorre, in primo luogo, precisare se si valutano politiche
macro-economiche, o politiche settoriali oppure ancora politiche
territoriali e quali sono gli obiettivi della valutazione (in sintesi se
si valutano l'incidenza, gli effetti e gli impatti o i risultati, e se si
vuole fare una valutazione ex-ante, per decidere cosa fare, oppure
ex-post, per apprendere le lezioni da trarsi dalla esperienza specifica, oppure ancora in itinere per modificare, se del caso, la rotta o
anche gli stessi obiettivi).

La strumentazione economica varia infatti a seconda delle politiche che si intende effettuare. Nei limiti di questa *Guida opera-*
tiva, è importante sottolineare che occorre fare riferimento a differenti modelli di valutazione (e a differenti tipologie di modelli
dell'economia) a seconda della valutazione che si vuole condurre.
Quindi, specialmente in tutti i casi in cui la Pa si affida a consulenti
ed esperti esterni, occorre chiarire, in via preliminare e prioritaria,
quali sono gli obiettivi della valutazione e quali il metodo, le tecniche e le procedure impiegate. Unicamente dopo tale chiarimento,
si può dare avvio alla valutazione.

Le valutazioni di cui si ha maggiore dimestichezza (unitamente
alla modellistica ad esse relativa) sono quelle macro-economiche,
di frequente utilizzate per valutare incidenza e/o risultati di una
politica macro-economica nei suoi aspetti congiunti e paralleli di
politica della moneta, di bilancio e dei prezzi e dei redditi. Oltre 40
anni fa, l'economista Paul Streeten scriveva che pur sulla base di
pochi dati, qualsiasi giovane economista era in grado di costruire
un modello econometrico anche rudimentale per allestire e valutare politiche "normative" di crescita economica. Si trattava allora
di modelli neokeynesiani (in gran misura ancora in uso) basati su
"identità" tra aggregati macro-economici ed "equazioni di com-

portamento" di cui, nel contesto di allora, la più importante era il rapporto incrementale tra capitale investito e prodotto generato, ossia quanto si generasse annualmente (nell'arco di vita della previsione) per ogni unità di capitale investito. Di norma, tali modelli sono "dinamici" nel senso che tengono conto dell'elemento tempo e del lasso di tempo (in gergo *time lag*) tra l'avvio di una politica ed il verificarsi della sua incidenza e dei suoi risultati. In quanto valutazione di risultati combinati a costi, essi rappresentano una forma di Acb molto aggregata.

Raramente, dirigenti e funzionari delle amministrazioni dello Stato (se non al servizio del Ministero dell'economia e delle finanze) si trovano a dovere fare uso a tale strumentazione o anche unicamente ad averne accesso. Ai fini, tuttavia, di interventi settoriali o territoriali, può essere utile raffrontare le stime macro-economiche del Def con quelle del rapporto annuale previsionale Istat, nonché con le previsioni econometriche di organismi internazionali come il Fondo monetario internazionale, l'Ocse, l'Ue (quasi sempre pubblicate sui giornali economici e disponibili sui siti web delle organizzazioni in questione). Una scorciatoia operativa di facile impiego consiste nel raffrontare stime Def e altri documenti italiani con le stime "di consenso" dei 20 maggiori centri di analisi econometrica previsionale (tutti privati, nessuno italiano): vengono elaborate e pubblicate ogni mese e sono disponibili settimanalmente nelle ultime pagine del settimanale britannico *The Economist*, committente di un apposito sondaggio tra i 20 centri.

Come si è visto nell'ultimo paragrafo del capitolo precedente, anche le valutazioni macro-economiche tradizionali stanno subendo (al pari dell'Acb), oltre al progressivo affinamento dovuto al miglioramento dei dati e delle tecniche, un cambiamento con la presa in conto della loro estensione alle "opzioni reali" della valutazione dei risultati.

CAPITOLO 3

L'ANALISI COSTI BENEFICI E LA VALUTAZIONE FINANZIARIA DEGLI INTERVENTI DI SPESA PUBBLICA

3.1 Premessa

Questo capitolo presenta i punti salienti dell'analisi costi benefici (Acb), il metodo di valutazione utilizzato più frequentemente, anche a ragione della sua facilità di apprendimento e della sua duttilità di applicazione a spesa in conto capitale e spesa di parte corrente, nonché a varie tipologie di interventi. Tale metodo (e le tecniche e procedure a esso relative), va inquadrato all'interno della valutazione finanziaria ed economica ex-ante, ma può anche essere utilizzato nella valutazione in itinere e in quella ex-post. Per questo motivo è particolarmente adatto alla *spending review*. La finalità è quella di fornire tramite indicatori sintetici di valore progettuale (o di convenienza) un giudizio di merito sull'efficienza delle risorse utilizzate. L'Acb è particolarmente utile in quanto le sue tecniche e procedure applicative consentono di:

a) elaborare un sistema organico di documentazione per organizzare le informazioni che compongono i vari aspetti di un progetto (tecnologico, istituzionale, sociologico, fiscale, ecc.). I risultati dell'analisi dei vari aspetti vengono sintetizzati in indicatori di convenienza;

b) applicare potenzialmente l'analisi a tutti i settori e per tutte le categorie di spesa di un piano o programma.

Nel 1981, vale la pena ricordare, il Presidente Reagan, con un *Executive Order*, impose alle agenzie del Governo e a tutti i dipartimenti dell'Esecutivo, di effettuare l'analisi dei costi e benefici prima dell'emanazione di ogni tipo di regolamentazione e/o di approvazione di un intervento di spesa. Tale impostazione non è stata smentita dai Presidenti che lo hanno seguito. Nel 1992, l'*Office of Management and Budget (Omb)* dell'Amministrazione Clinton emana una circolare sulla metodologia da utilizzare per l'analisi costi/benefici per tutti i programmi federali. Tutti i Presidenti in carica e il Congresso, vale a dire i due maggiori partiti americani, concordano con l'impostazione che programmi pubblici e regolamentazione debbano essere intrapresi in base al principio del c.d. *evidence based policy*. Un principio che è nato e si è sviluppato nelle organizzazioni internazionali e soprattutto nei dipartimenti "accreditati" di valutazione d'impatto che si occupano di sviluppo economico. L'utilizzo dell'analisi costi/benefici è ritenuta dai vari Omb fondamentalmente come strumento utilizzato ex-ante, nella fase di elaborazione di programmi, piani e progetti.

Il capitolo presenta i termini di base dell'analisi, ne illustra gli aspetti applicativi e i passaggi che sono necessari per stimare, partendo dai costi e dai ricavi di un intervento per un particolare *stakeholder* (azione definita come analisi finanziaria), i costi e benefici del progetto medesimo per la collettività (azione definita propriamente come analisi economica).

3.2 Il metodo e le tecniche dell'Acb

3.2.1 Introduzione

L'Acb è un metodo finalizzato a confrontare la validità tra differenti alternative che implicano un utilizzo di risorse scarse (moneta, tempo, know-how, ecc.) in un dato contesto; esso permette di individuare quale intervento consente di raggiungere uno o più obiettivi ai quali corrisponde la soddisfazione di un determinato fabbisogno. Dal punto di vista operativo, in altre parole, l'approccio è mirato a dare un contributo alla decisione, cercando di misurare "vantaggi e svantaggi" inerenti a una scelta che si è chiamati a fare.

Emblematica, risulta l'interpretazione data all'Acb da un decisore pubblico come Benjamin Franklin in una sua lettera del 1772. A un amico che gli chiede consiglio per una decisione difficile, lui risponde: *"Se mi chiedi un consiglio per una questione così importante per te, non posso consigliarti cosa decidere in merito, per mancanza di premesse sufficienti, ma se ti fa piacere ti dirò come procedere. Quando si presentano casi così difficili, in realtà lo sono soprattutto perché al prenderli in considerazione, non abbiamo presente in mente tutte le ragioni pro e contro allo stesso tempo; infatti a volte prendiamo in considerazione prima un aspetto e poi in un secondo momento un altro perdendo di vista il primo. Da qui derivano le varie intenzioni o inclinazioni che prevalgono alternativamente e l'insicurezza che ci rende perplessi. Per superare questa fase, il mio sistema è di dividere un foglio di carta in due con una riga creando così due colonne; scrivere in una i Pro e nell'altra i Contro. Poi, durante tre o quattro giorni di considerazioni, butto giù qualche breve accenno delle diverse motivazioni che mi vengono in mente in momenti diversi, a favore o contro tali provvedimenti. Così quando li ho tutti insieme in un sol colpo d'occhio, cerco di valutarne il rispettivo peso; e quando ne ho trovati due, uno per ogni lato, che sembrano equivalenti, li cancello entrambi. Se trovo una ragione a favore equivalente a due ragioni contro, ne cancello tre. Se reputo due ragioni contro equivalenti a tre ragioni a favore, ne cancello cinque; procedendo in tal modo trovo da che parte pende la bilancia; e se, dopo uno o due giorni di ulteriori considerazioni, non accade nulla di nuovo che sia importante in ciascuna delle parti, arrivo di conseguenza ad una decisione. Nonostante il peso delle ragioni non possa essere determinato con la precisione delle quantità algebriche, quando le prendo in considerazione in questo modo, separatamente e comparativamente, e ho tutto davanti a me, penso di poter giudicare meglio, e sono meno soggetto a prendere una decisone affrettata. In effetti ho avuto degli enormi vantaggi da questo tipo di equazione, in quella che potremmo chiamare algebra morale o prudenziale".*

Il testo riportato esprime efficacemente quello che propone

l'Acb come metodo per scegliere tra alternative differenti. La sintesi fatta da Franklin è ancora più interessante in quanto precede di 70 anni il primo documento professionale in materia di Acb, il saggio di Dupuit ricordato nel Cap.1.

L'Acb analizza, studia e verifica dunque se i benefici che un'alternativa progettuale (sotto il profilo, tecnico, istituzionale, amministrativo) è in grado di apportare alla collettività nel suo complesso, nel lessico della valutazione chiamati benefici sociali, sono maggiori dei relativi costi (costi sociali), in presenza di possibilità alternative di intervento e in ragione dei risultati dell'analisi viene reputata preferibile, *ceteris paribus*, l'alternativa in cui la prevalenza dei benefici sui costi è maggiore. La logica sottostante l'Acb è che le risorse che una collettività ha a disposizione sono limitate; quindi, il decisore deve destinarle agli interventi che massimizzano il beneficio netto per la società. Tale tecnica diventa suscettibile di essere, anche in ragione della sua semplicità di impiego, la tecnica chiave di analisi economica, in un contesto dove si vogliono stimare dei "vantaggi" all'interno di una programmazione per operazioni di spesa convergenti verso un obiettivo comune, quindi per *spending review*.

L'impiego dell'Acb per la stima delle variazioni di benessere sociale presuppone l'applicazione di "prezzi-ombra" (chiamati da alcuni autori "prezzi contabili" o anche "prezzi di riferimento"), che riflettano meglio dei prezzi di mercato l'effettiva scarsità relativa delle risorse e il loro utilizzo *vis-à-vis* gli obiettivi di politica economica (nel lessico degli economisti, gli obiettivi di politica economica costituiscono il corpo della Fbs). L'utilizzo dei "prezzi ombra" tende pertanto a determinare decisioni in cui la combinazione di fattori produttivi avviene in modo più coerente tanto con i loro effettivi rapporti di scarsità relativa, e comunque con gli obiettivi dell'azione pubblica, non sempre segnalati in modo adeguato dai prezzi di mercato (i "prezzi ombra" sono trattati al capitolo 4).

Vale qui ricordare come, quasi sempre, la Pa sia chiamata a comprare sul mercato tale analisi e a non eseguirla direttamente. Molti degli aspetti della Acb vengono quindi pensati, trattati e eseguiti materialmente non da dirigenti e funzionari pubblici, ma da consulenti. Ai primi spetta quindi il compito, non sempre facile ed immediato, di dare gli esatti termini esecutivi di quello che sarà il lavoro di analisi e vigilare sulla correttezza e qualità del lavoro dei secondi: attività questa, peraltro talvolta sottostimata nei suoi termini di impegno di risorse per la Pa al momento della valutazione ex-ante. Questa sana interazione tra Pa e consulente è cruciale peraltro per la qualità dei prodotti: spesso infatti Acb valutate a posteriori come "non corrette" nei loro termini esecutivi, comportano la non ammissibilità del progetto a concorrere al finanziamento pubblico, sia esso nazionale che europeo.

3.2.2 L'analisi costi benefici e la formulazione dell'operazione di spesa. Aspetti salienti.

Per ciascun intervento di spesa pubblica, così come visto all'interno del relativo "ciclo di vita del progetto" (si veda il grafico di seguito), l'Acb ne rappresenta la fase fondamentale della formulazione e il cuore dell'attività di valutazione. Nella fase di formulazione (*appraisal*) si specificano infatti tutti i dettagli progettuali sulla base di uno studio di fattibilità (Sdf), attraverso il quale il progetto e le sue alternative vengono analizzati dal punto di vista tecnico, commerciale, economico-finanziario (è qui che si parla di *business plan*), istituzionale, organizzativo e ambientale.

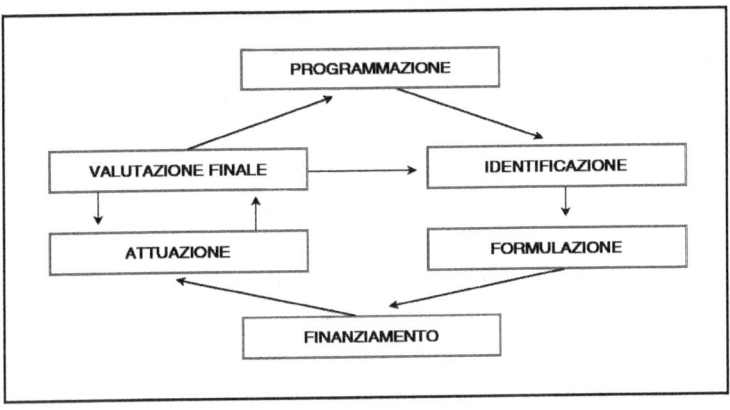

Tutte le decisioni in genere incorporano un certo grado di irreversibilità, per cui una volta intraprese, l'abbandono non è mai
privo di costi. Tanto più la decisione è gravosa, quindi, tanto più
è alto il *grado di irreversibilità*. Ciascun intervento di spesa pubblica deve pertanto essere sottoposto a tale analisi, alla luce di una
rigorosa analisi da eseguire durante la formulazione dello Sdf.

All'interno dell'attività di formulazione, l'azione di analisi si
esercita sugli aspetti che seguono:

a) Aspetti tecnici. L'analisi verifica tutte le alternative disponibili per conseguire quell'obiettivo determinato e l'economicità
dell'alternativa prescelta.

b) Aspetti commerciali. L'analisi esamina le condizioni di
mercato della domanda e dell'offerta di beni e servizi prodotti e
utilizzati nel progetto in fase di attuazione e dopo il suo completamento.

c) Aspetti istituzionali. L'analisi esamina la struttura organizzativa del progetto, la divisione funzionale delle responsabilità e
del processo decisionale nell'attuazione e gestione del progetto
medesimo.

Gli argomenti che seguono, costituiscano delle vere e proprie
"pietre angolari" dello Sdf di un'operazione di spesa, da appro-
fondire con particolare cura al momento dell'analisi. In particolare, gli argomenti sono i seguenti:

a) La domanda dei beni e servizi connessi e generati dalla
spesa. Una delle caratteristiche che si ritrova spesso nella spesa pubblica, in particolare dei grandi progetti infrastrutturali, è
che il progetto viene formulato e attuato perché si vuole creare/
aumentare un'offerta di beni e servizi, senza che si sia analizzato
preventivamente e con attenzione, che effettivamente esiste un
bisogno e una domanda per tali beni e servizi, da parte di qualcu-
no che sia concretamente interessato a dotarsi di tali prodotti e sia
effettivamente disponibile a pagare qualcosa per essi. La solidità
dell'analisi e gli approfondimenti su questo punto specifico devono quindi essere molto consistenti perché l'Acb possa essere
considerata valida.

b) L'analisi finanziaria ed economica del progetto, con particolare attenzione alla sostenibilità finanziaria del medesimo da parte della unità che sarà chiamata a gestire la spesa stessa. Nell'esperienza operativa concreta capita spesso di trovare analisi che hanno valutato come fattibili operazioni di spesa che erano suscettibili di essere convenienti dal punto di vista economico (grandi benefici attesi, stimati spesso in modo bizzarro) ma assolutamente non convenienti in termini di equilibrio finanziario, con costi largamente superiori ai ricavi e con nessuna attenzione alla copertura finanziaria. Occorre quindi che l'analisi (e chi la esegue) tenga nel dovuto conto tale aspetto, al fine di garantire ex-ante la concreta solidità applicativa di quello che si propone, tanto più in tempi difficili per la finanza pubblica dove è molto viva l'attenzione ai deficit gestionali connessi a progetti non sostenibili.

c) L'analisi gestionale e amministrativa. Questo aspetto è assolutamente sottostimato mentre invece risulta cruciale quando si passi ad applicare quanto proposto nell'Acb. Occorre pertanto che l'analisi sia molto solida nel dare indicazioni su "chi fa cosa" in fase di attuazione e gestione, cercando di selezionare e proporre alternative che siano concretamente fattibili in sede di attuazione e compatibili con l'ordinamento.

Gli aspetti citati costituiscono quindi il cuore dell'Acb e l'area dove è necessario che la Pa, come committente di Sdf e Acb, concentri la massima attenzione sui prodotti che vengono resi disponibili dai consulenti.

3.2.3 Tipologie di Acb

Dal punto di vista metodologico, tecnico ed operativo non esiste un'unica Acb, ma ne esistono diverse tipologie, ciascuna basata su un diverso sistema di valori (prezzi) e di parametri di valutazione: quello che quindi cambia veramente è il "punto di vista" dello *stakeholder* che si trovi a eseguire/valutare i diversi pro e contro. Le varie tipologie sono quelle che seguono:

a) Analisi finanziaria. Esamina i risultati attesi dal punto di vista degli agenti economici coinvolti nel progetto, utilizzando gli elementi essenziali della contabilità aziendale a prezzi di mercato. L'unità di conto (numerario) è finanziaria ed è la moneta del Paese in cui operano gli agenti economici. Vale lo stesso per i parametri di valutazione (ad es. gli indicatori vengono raffrontati con investimenti finanziari alternativi). Lo scopo di tale analisi è quello di verificare se, con un dato sistema di incentivi (i prezzi di mercato), i comportamenti degli *stakeholder* saranno tali che gli obiettivi del progetto verranno raggiunti. Ad esempio, se si è alle prese con un progetto di trasporti quale la costruzione di una strada principale, l'analisi finanziaria ha lo scopo di verificare se, data una struttura di prezzi, a ragione dei risparmi potenziali (di tempo, di usura dei veicoli) che essa permette, un numero sufficiente di veicoli troverà convenienza a utilizzarla piuttosto che a percorrere vie alternative. Oppure se si è alle prese con la eventuale creazione di una nuova università, occorre vagliare se a ragione delle tendenze demografiche e migratorie ci sarà per numerosi anni un bacino di utenza adeguato.

b) Analisi fiscale/tributaria. Esamina i risultati attesi dal punto di vista della Pa. Con tale punto di vista i costi sono costituiti dal gettito fiscale a cui si rinuncia mentre i benefici sono il gettito tributario futuro che si otterrà con il progetto. Con questa tipologia, il numerario è il valore di una unità di gettito fiscale per la Pa e il sistema di prezzi va espresso in termini di tale unità. Differisce dall'euro monetario di mercato, in ragione dei "costi di transazione" necessari per l'esazione tributaria.

c) Analisi economica. È la vera e propria Acb attraverso cui si esaminano i risultati attesi del progetto in termini della Fbs della collettività, espressa da una funzione che riassume gli obiettivi di una società (importanza relativa della crescita del prodotto interno, dello sviluppo accelerato di alcune aree, re-distribuzione del reddito). Il punto di vista dell'analisi economica è quello del decisore pubblico in quanto esprime e rappresenta la collettività e la visione della strategia di sviluppo della collettività stessa. Il numerario da utilizzare è una grandezza economica non solo poiché è a un quadro economico (non finanziario) che si fa riferimento ma soprattutto perché, sotto il profilo economico e della politica economica, un'unita finanziaria (ad esempio € 1000) ha un significato differente a seconda della sua destinazione (se venga utilizzata per consumi o investimenti; se accresce il reddito o i consumi di chi sta alla base o alla cima della scala sociale). Come si vedrà meglio nel Capitolo 4, le grandezze economiche frequentemente utilizzate sono il consumo e l'investimento. Un'Acb che utilizzi come unità di conto il consumo pone l'accento sul miglioramento dei consumi (quindi del tenore di vita) come obiettivo ultimo della politica economica. Altresì, un'Acb basata sull'investimento come numerario, pone invece l'accento sui vincoli (risorse per l'investimento) al raggiungimento degli obiettivi di politica economica. Le procedure di calcolo variano a seconda che si impieghi una tecnica o l'altra, ma gli esiti in quanto test di accettazione o meno del singolo progetto sono di massima identici.

d) Analisi politica. Esamina il progetto dal punto di vista politico: il numerario varia quindi a seconda del sistema politico ed è costituito dai voti degli elettori per il decisore pubblico.

3.3 L'analisi finanziaria

3.3.1 Costi e ricavi. Il flusso di cassa.

All'interno della formulazione dell'operazione, i costi vengono rappresentati come:

a) Costi di investimento: si realizzano nella fase di attuazione del progetto, sono sostenuti una tantum; tale componente, nel bilancio di una Pa, corrisponde alla spesa in conto capitale.

b) Costi di esercizio: si verificano durante la gestione dell'intervento e corrispondono alla parte di spesa corrente se l'intervento è gravato sul bilancio.

Costi e ricavi vengono stimati a prezzi di mercato nell'analisi finanziaria, e vanno riferiti al momento in cui si effettua la formulazione dell'operazione. Partendo dai costi e ricavi, si considerano per l'analisi quelle che sono le vere e proprie entrate e uscite generate dal progetto. In particolare, le entrate sono costituite da tariffe, imposte addizionali, finanziamento del progetto da parte della Pa o altre istituzioni, eventuali rientri derivanti dal rimborso di prestiti effettuati ai beneficiari del progetto. Altresì, le uscite sono costituite da spese di investimento, prestiti ai beneficiari, partecipazioni di capitale di enti pubblici locali, costi ricorrenti e servizio del debito relativo al rimborso di prestiti.

Il combinato di entrate e uscite effettive correlate al progetto costituisce il flusso di cassa (*Cash-flow*) del progetto che è la risultante dei fondi disponibili e liquidi risultanti dalla somma algebrica del controvalore in numerario dei costi e ricavi generati dal progetto/intervento in un determinato periodo di tempo.

Una rappresentazione grafica del flusso di cassa (numerario, euro) per un progetto X dalla durata di 10 anni è quella che segue:

ANNO	ENTRATE	USCITE	USCITE
1	0	500	-500
2	0	800	-800
3	300	100	+200
4	400	150	+250
...	500	150	+350
9	500	250	+250
10	650	250	+400

Vale poi ricordare come nella costruzione del flusso di cassa occorre considerare e valutare con attenzione quanto segue:

a) Valori incrementali. Nel cash-flow vanno considerati unicamente i costi e i benefici incrementali, che derivano dalla differenza tra la situazione "con" e "senza" l'operazione. Fondamentale è quindi avere un quadro chiaro e ben comprendere la situazione "senza", di partenza (baseline), ovvero "cosa succede se non si fa nulla o se si fa qualcosa differente da quanto previsto nel progetto" (approccio controfattuale) perché quella costituisce il cuore del problema che si vuole risolvere con l'intervento ed è quella la situazione dalla quale occorre partire. Altresì, la situazione "senza" l'operazione spesso differisce dalla situazione "prima" dell'operazione: in molti casi, specialmente in materia di infrastrutture, se non si fa nulla, la situazione esistente deteriora sino a compromettere definitivamente il manufatto oppure si fa mera manutenzione ordinaria mentre il progetto contempla investimenti.

b) Durata del progetto. La contabilizzazione delle spese e delle entrate incrementali deve essere effettuata per tutto l'arco di vita dell'intervento. Di norma, la contabilizzazione non eccede i 30 anni poiché dopo 30 anni i fattori di attualizzazione (ossia come computare ad oggi il valore di una spesa o di una entrata da 30 anni) sono così bassi da non essere significativi.

c) Deprezzamento. Non vengono contabilizzate le voci di costo relative agli ammortamenti di investimenti in immobili, attrezzature, opere civili che si deprezzano nel tempo e la cui vita utile è superiore ad un esercizio finanziario (anno) in quanto: i) la contabilizzazione del relativo costo è già riportata nel flusso di cassa al momento dell'acquisto; ii) nel flusso di cassa vengono contabilizzati i costi che rappresentano una vera erogazione monetaria.

d) Valori residui. Nell'ultimo anno, il flusso di cassa deve tenere conto di eventuali valori residui dell'investimento ovvero del valore dei beni che hanno ancora una vita utile e del valore dei beni che hanno aumentato il loro valore a seguito dell'intervento.

I punti citati sono cruciali per una buona analisi finanziaria e sono da tenere a mente laddove la Pa, come acquirente di servivi Acb sia chiamata a verificare e validare prodotti dati da consulenti ed analisti esterni.

3.3.2 Gli indicatori di convenienza nell'Acb

Spesso, per la valutazione di interventi si utilizzano e si stimano indicatori non attualizzati di valore progettuale. Tra i parametri di utilizzo più comune ci sono i seguenti:

a) Periodo di recupero. Risponde alla domanda "in quanti anni recuperiamo il costo totale dell'intervento?"

b) Tasso di redditività contabile o *Return on Investment* (Roi). Identifica e misura il rapporto tra utile contabile annuale e investimento complessivo effettuato, utilizzando capitali propri e capitali di terzi. Risponde alla domanda "quanto mi rende in percentuale l'intero capitale investito nell'intervento?"

c) Tasso di redditività del capitale proprio o *Return on Equity* (Roe). Identifica e misura il rapporto tra utile netto contabile annuale e capitale proprio investito. Risponde alla domanda "quanto mi rende in percentuale il capitale proprio investito nel progetto?" Frequentemente questo parametro è centrale ai *business plan* allegati ai prospetti nelle sollecitazioni a investire capitali in azioni di società quotate in borsa.

Tali indicatori, per quanto pratici e operativi, non tengono conto del valore delle risorse messe a disposizione del progetto nel tempo, laddove, come quasi sempre per gli interventi pubblici di grandi dimensioni, l'operazione sia suscettibile di comportare costi e benefici su un arco di molti anni. Occorre pertanto procedere all'attualizzazione dei valori rilevati per ciascun anno (benefici e costi) e che compongono il *cash-flow* e riportarli tutti all'anno zero, che è quello in cui si è chiamati a effettuare la scelta tra le diverse alternative. L'orizzonte temporale rilevante coincide con il periodo per il quale si ritiene che l'intervento continuerà a produrre costi e benefici significativi. Il procedimento di attualizzazione è necessario a rendere confrontabili grandezze monetarie riferite ad anni diversi e pertanto non omogenee. Per rendere omogenee queste grandezze ogni importo monetario riferibile a un generico anno t dovrà essere attualizzato moltiplicandolo per il fattore di sconto.

$$\frac{1}{(1+i)^t}$$

Il tasso "i", al quale va scontato il flusso di cassa è un saggio di sconto. Normalmente, i necessari calcoli si effettuano con qualsiasi personal computer, su un flusso di cassa, utilizzando il menu "funzioni finanziarie" di Excel per Windows®. Altresì, chi vuole acquisire dimestichezza operativa con le procedure di calcolo può trovare in commercio prontuari per calcoli finanziari e attuariali con le tavole per i programmatori e altre tavole matematiche fondamentali; sovente, tali prontuari contengono ampie spiegazioni del lessico utilizzato da consulenti ed esperti della materia. Nel caso sia utilizzato per valutare, sotto il profilo economico, politiche o progetti pubblici, prende il nome di "saggio di sconto", mentre "t" è il numero di anni di durata del progetto (il tema viene approfondito al capitolo 5).

Laddove si decida di valutare il *cash-flow* utilizzando dei parametri attualizzati di convenienza, gli indicatori che si utilizzeranno sono i seguenti:

a) Valore attuale netto (Van). È il valore attualizzato dei benefici netti (B-C) dell'intervento. Si calcola attualizzando a un saggio predeterminato i flussi di cassa netti che l'intervento produce nei vari anni della sua durata prevista. In termini operativi il Van come beneficio netto complessivo di un progetto viene individuato dal valore attuale della differenza tra i costi e i benefici individuati per ciascun periodo futuro. Il valore attuale dei benefici netti coseguibili alle diverse scadenze è dato dalla seguente espressione:

$$VAN_t = B_t - C_t + \frac{B_{t+1} - C_{t+1}}{(1+i)} + \frac{B_{t+2} - C_{t+2}}{(1+i)^2} + \frac{B_{t+3} - C_{t+3}}{(1+i)^3} + \ldots + \frac{B_{t+N} - C_{t+N}}{(1+i)^N}$$

che sinteticamente può essere indicata con:

$$BN_t = \sum_{n=1}^{N} \frac{B_{t+n} - C_{t+n}}{(1+i)^n}$$

dove N è il numero complessivo di periodi in cui il progetto esercita effetti significativi e B_{t+n} e C_{t+n} rappresentano rispettivamente il valore dei benefici e dei costi attribuibili all'anno t+n.

In questa formula, $\dfrac{1}{(1+i)^t}$

rappresenta il fattore di attualizzazione che permette di ottenere il valore all'anno 0 (anno di avvio dell'intervento) di una somma disponibile nell'anno t.

Particolare attenzione deve essere riposta anche all'individuazione del valore del saggio di sconto. Tale variabile rappresenta il costo opportunità dell'intervento e va associato al rendimento minimo atteso del progetto, ovvero ad un rendimento alternativo che possa essere utilmente realizzato. Per gli interventi realizzati in contesti non caratterizzati da elevata rischiosità, la Commissione europea nella sua *Guida all'Acb dei grandi progetti* consiglia di utilizzare il 4% come valore del tasso di sconto finanziario, salvo elevarlo di qualche ulteriore punto percentuale qualora se ne dimostri una certa dinamicità settoriale o specifica dell'intervento.

Una possibile applicazione operativa del computo del Van è nell'esempio seguente. Come funzionario del settore tesoreria di una società di servizi di pubblica utilità si è chiamati a decidere su un investimento sul quale il Consiglio di amministrazione chiede un parere. In particolare si desidera capire se sia opportuno realizzare un nuovo parcheggio che necessiterà di un investimento iniziale di 100 milioni euro. Lo Sdf porta a ottenere le seguenti previsioni per l'investimento: il secondo anno si otterranno 10.000.000 di euro, il terzo anno 20.000.000 di euro, il quarto anno 40.000.000 di euro, e il quinto anno 50.000.000 di euro. Il sesto anno si prevede di cedere il parcheggio all'Ente pubblico concessionario per 10.000.000 di euro. Il flusso di cassa associato all'investimento è il seguente:

ANNO	FLUSSO DI CASSA
1	-100.000.000
2	+10.000.000
3	+20.000.000
4	+40.000.000
5	+50.000.000
6	+10.000.000

Al fine di consigliare (o sconsigliare) tale investimento, si è deciso di utilizzare il Van come indicatore sintetico e il saggio di sconto che si è ritenuto opportuno utilizzare è il 12%, un saggio elevato che esprime l'obiettivo di dare un peso rilevante ai ricavi poco differiti nel tempo. È necessario quindi applicare la formula del Van inserendo i corretti valori (in migliaia di euro):

$$VAN = 100.000 + \frac{10.000}{1,12} + \frac{10.000}{(1,12)^2} + \frac{40.000}{(1,12)^3} + \frac{60.000}{(1,12)^4} =$$

$$= -100.000 + 8.928,57 + 16.000 + 28.571,43 + 38.216,56 = -8.283,44$$

Il nuovo parcheggio presenta un Van negativo: è quindi opportuno consigliare di non intraprendere l'investimento.

b) Saggio di rendimento interno (Sir o Tir). È il saggio (o tasso) di attualizzazione che rende il Van uguale a zero. In altri termini, quando il Van è uguale a zero vuol dire che i benefici dell'intervento ripagano le risorse utilizzate ma non generano un surplus. Il Sir, quindi, esprime il saggio di interesse più elevato che si ottiene con una determinata combinazione produttiva, nell'ipotesi che l'utile sia re-investito, all'infinito, in combinazioni produttive con il medesimo Sir. Occorre altresì fare attenzione a non confondere il Sir con indicatori non attualizzati come il Roi e il Roe.

Il profilo di Van e Sir è il seguente:

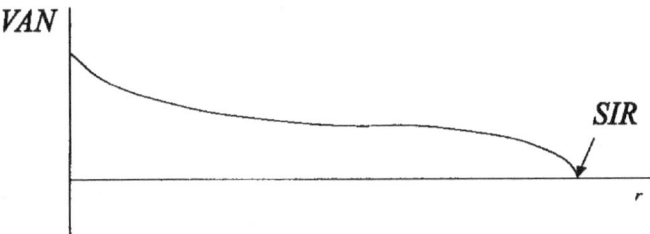

Vale ricordare come il Van sia un numero assoluto, stimato nel numerario utilizzato nell'analisi (e quindi, un Van elevato è legato anche all'entità dell'investimento) mentre il Sir è un saggio che da conto del valore progettuale nell'arco dell'intera vita del progetto. Altresì, in ragione della formula, il Sir può non essere unico ma può, per lo stesso *cash-flow*, generare valori multipli. Infine, per essere calcolato, il Van necessita di un saggio di sconto di riferimento (cosa che non occorre per il Sir).

c) Rapporto benefici-costi attualizzati (Rbca). È uguale alla somma dei benefici attualizzati diviso per la somma dei costi totali (costi di investimento più costi di esercizio). Il progetto può essere considerato valido se il rapporto è maggiore di 1. Un altro metodo di calcolo del Rbca è quello di rapportare i benefici netti (benefici - costi di esercizio) ai soli costi di investimento.

3.4 Dall'analisi finanziaria all'analisi economica

3.4.1 Il costo opportunità e il significato dell'analisi economica

L'utilizzazione di una risorsa fa diminuire la sua disponibilità per la collettività ai fini di impieghi alternativi. Quindi il suo costo per la collettività è pari al valore di rinuncia che è qualcosa strettamente connesso alla scarsità dei fattori produttivi. Ciò costituisce uno dei cardini dell'analisi e ne guida l'attuazione nel passaggio da analisi finanziaria ad analisi economica. Vale ricordare come l'obiettivo dell'analisi finanziaria è quello di determinare il contributo del progetto rispetto agli *stakeholder*, valutando gli effetti monetari del progetto. Altresì, l'obiettivo dell'analisi economica è quello di determinare il contributo del progetto rispetto agli obiettivi di sviluppo del paese.

Analisi economica e finanziaria sono peraltro complementari. Il passaggio da finanziaria ad economica avviene di solito per gradi, effettuando una serie di aggiustamenti alle voci contabili per tenere conto dei benefici per la collettività, dei trasferimenti, dei costi accantonati, delle esternalità, interdipendenze ed eventuali effetti moltiplicativi e applicando, poi, un sistema di valori economici (si veda il capitolo 5). In certi casi, tuttavia, come indicato nel capitolo 7, l'analisi economica viene condotta prima dell'analisi finanziaria. Ciò si fa per definire se il progetto apporta benefici alla collettività prima ancora di accertare se gli *stakeholder* plasmano i propri comportamenti in modo che vengano raggiunti gli obiettivi progettuali.

3.4.2 I principali aggiustamenti contabili

La valutazione economica può quindi differire da quella finanziaria e include, dapprima, i benefici del progetto per la collettività, tra i quali si evidenziano argomenti non presi in considerazione nell'analisi finanziaria e dove il valore assegnato è quello percepito dalla collettività.

Voci tipiche sono, ad esempio, in un progetto di trasporti, il valore del tempo risparmiato, il valore dell'occupazione incrementale creata, il valore del "minor numero di incidenti mortali" o, in un progetto di istruzione, il differenziale di retribuzioni tra coloro che hanno completato un corso e coloro che non lo hanno.

Il funzionario della Pa che "compra" sul mercato l'Acb, e ne deve verificare la corretta esecuzione, deve essere particolarmente attento ai punti che seguono che, sovente, costituiscono l'area dove consulenti esterni alla Pa possono essere meno attenti e rigorosi nell'applicazioni delle procedure dell'analisi. Di seguito, ci sono i principali aggiustamenti contabili da effettuarsi per passare dall'analisi finanziaria a quella economica. Essi sono:

a) Trasferimenti. Sono voci di entrata e uscita dell'analisi finanziaria che non riguardano l'utilizzazione di risorse da parte della collettività, ma rispecchiano un trasferimento da un gruppo ad un altro. Rientrano in questa categoria: i) oneri finanziari pagati per un prestito (trasferimento di potere d'acquisto dall'operatore all'ente mutuante), ii) dazi, imposte indirette, sussidi diretti o indiretti, ecc. A riguardo, vale ricordare come l'Iva costituisce un tipico trasferimento di cui tenere conto nell'analisi economica (ad esempio, l'Iva sulle uscite nel flusso di cassa dell'analisi finanziaria va eliminata nelle uscite del flusso di cassa dell'Acb) mentre gli oneri previdenziali e le imposte dirette (come l'Ire) costituiscono parte integrante delle voci di costo (e quindi di uscita) nel flusso di cassa sia finanziario che economico e quindi vanno computate allo stesso modo sia nell'analisi finanziaria che nell'Acb. Non computarle, al fine di ridurre i "costi economici" del progetto (come fanno nella pratica operativa alcuni consulenti), costituisce un errore applicativo grave che porta a risultati sbagliati in termini di Van e Sir con giudizi di fattibilità positiva per progetti che non l'avrebbero affatto se i conti dei trasferimenti fossero stati eseguiti in modo corretto.

b) Costi accantonati. Sono quei costi che, pur riguardando voci che contribuiscono alla realizzazione del progetto, sono già stati sostenuti prima della valutazione ex-ante e figurano sia nella situazione "senza" che nella situazione "con" l'intervento. Si devono contabilizzare solo i costi ed i benefici incrementali per l'operazione in esame. Ciò è particolamente significativo per un Paese industrializzato a economia matura come il nostro dove quasi sempre gli investimenti pubblici sono costituiti da completamenti e ammodernamento di opere già esistenti. Una buona prassi operativa consiste infatti nel contabilizzare i costi accantonati (appropriatamente attualizzati) tra i costi dell'intervento ogni qual volta gli indicatori di convenienza appaiano eccessivamente elevati. Un esempio frequente si ha nei programmi di difesa del suolo in Italia centrale (che comportano in gran parte spesa corrente) dove parte delle opere risalgono ad epoca napoleonica, e può essere oggettivamente difficile distinguere i benefici da imputare ai nuovi interventi da quelli effettuati negli ultimi 200 anni. In tali casi i risultati dell'Acb possono condurre a risultati paradossali (quali tassi di rendimento "infiniti").

c) Inflazione e revisione dei prezzi. Se ci si propone di esaminare il fabbisogno finanziario dell'intervento ed il relativo piano di finanziamento, bisogna tener conto sia dei movimenti generali del livello dei prezzi (cioè del tasso generale d'inflazione), che dei mutamenti dei prezzi relativi. Se lo scopo delle analisi è quello di calcolare gli indici di convenienza finanziaria ed economica, non si tiene conto dei movimenti generali dei livelli dei prezzi; i calcoli vengano effettuati a prezzi costanti. Altresì, nel riportare nel flusso di cassa le voci di costo e di beneficio, si tiene però conto dei mutamenti dei prezzi relativi, ossia di incrementi o decrementi dei prezzi rispetto al tasso generale di inflazione, in quanto questi ultimi riflettono modifiche reali del valore dei fattori e dei prodotti.

3.4.3 Esternalità

Si parla di effetti esterni al mercato o esternalità quando si è in presenza di elementi che entrano: i) come input nella funzione di produzione di una o più imprese generando incrementi (esternalità positive) o diminuzioni di produzione (esternalità negative) o come ii) argomenti nella funzione di utilità di uno o più consumatori generando incrementi o diminuzioni di benessere, senza che in corrispondenza di essi avvengano pagamenti (nel caso di esternalità positive) o sanzioni (nel caso di esternalità negative) a favore del proprietario degli elementi stessi da parte di coloro che ne godono i vantaggi o subiscono le conseguenze negative. In particolare esistono:

a) Esternalità "di consumo". Un'esternalità di consumo si verifica quando il consumo del bene da parte di un individuo influenza il livello di utilità di un altro individuo.

b) Esternalità "di produzione". L'attività di produzione di un impresa danneggia la produzione di un'altra. Un esempio classico di esternalità di produzione positiva può essere l'adiacenza di un frutteto ad un allevamento di api, uno negativo è l'inquinamento di un fiume a elevata pescosità da parte di una fabbrica.

Occorre distinguere tra effetti esterni all'intervento ed effetti esterni al mercato:

a) I primi non fanno parte degli obiettivi dell'intervento ma vengono comunque generati dall'intervento medesimo: ad esempio, l'ampliamento di una strada secondaria in strada primaria genera un aumento del fatturato di un ristorante là localizzato. Tale effetto è esterno al progetto ma non al mercato e nell'analisi economica se ne tiene già conto nelle stime dei flussi di traffico e relativi benefici agli utenti. Gli effetti esterni al progetto ma non al mercato vengono chiamati "esternalità pecuniarie".

b) I secondi sono esterni sia all'intervento sia al mercato: ad esempio in un corso di formazione (consumo privato di formazione) si genera una coesione sociale nel gruppo di partecipanti e tale coesione (in termini economici, capitale sociale) è esterna sia al progetto sia al mercato ma va stimato e quantizzato (ci sono procedure per farlo) e computato tra i benefici del progetto. Un esempio di esternalità tecnologica negativa è costituito dai camion in doppia fila che nelle città scaricano le merci per i negozi e che aumentano in modo considerevole il traffico, causando ritardi per gli automobilisti che non hanno rapporti con i negozi medesimi. Oppure ancora, il fumo di una fabbrica sporca i panni e obbliga i vicini a usare più detersivo per lavarli. Un esempio di esternalità "tecnologica" positiva è l'insetticida che riduce le zanzare e permette di avere meno rischio di malattie.

La stima e il computo delle esternalità costituisce il cuore dell'Acb: dal momento che le esternalità sono flussi di beni e servizi che per loro natura (ancorché prodotte dall'intervento) non sono oggetto di compravendita e non sono incluse nell'analisi finanziaria, attraverso l'Acb vengono internalizzate come costi e come benefici, se rilevante. È inoltre la distinzione essenziale rispetto a *"la méthode des effets"* che viene esaminata nel capitolo 5.

La stima delle esternalità e il loro computo nel flusso di cassa economico è una delle caratteristiche topiche dell'Acb. Peraltro, l'esigenza di tenere conto delle esternalità nel calcolo economico non deriva (solo) da considerazioni di equità del tipo "è ingiusto che chi inquina non sopporti un costo per i danni provocati e che chi produce un beneficio ad altri non venga risarcito". L'esigenza di tenere conto delle esternalità deriva da considerazioni di efficienza economica. Infatti se chi inquina non viene regolato, produrrà un livello eccessivo di inquinamento dove "eccessivo" sta a dire che "il beneficio economico che l'inquinatore ottiene dall'inquinamento è inferiore al costo economico subito dagli altri membri della collettività".

3.4.4 Interdipendenze ed effetti moltiplicativi

L'intervento può determinare incrementi di reddito aggiuntivi a quelli diretti ed esterni a causa dell'incremento di domanda per le industrie sottoutilizzate. Si parla di interdipendenze a monte, quando vengono attivate industrie che forniscono i loro prodotti al progetto mentre le interdipendenze a valle sono quelle per le quali si favoriscono industrie che utilizzano beni e servizi prodotti dal progetto.

In genere tale espansione non avviene a costi nulli ed è associata ad un aumento dei prezzi relativi dei beni e servizi la cui domanda è stimolata dal progetto in questione.

Gli effetti moltiplicativi di un progetto si distinguono in due gruppi, dipendenti rispettivamente dalla struttura della produzione e dalla struttura dei consumi. I primi hanno origine quando: i) l'investimento in un'industria particolare determina un aumento della domanda derivata da fattori produttivi e beni intermedi, prodotti a monte dell'industria in esame, ii) l'investimento aumenta l'offerta di beni intermedi utilizzati a valle dell'industria stessa. I secondi sono la conseguenza del fatto che la realizzazione del progetto determina un incremento di reddito dei beneficiari e che tale incremento può a sua volta tradursi in un incremento di domanda delle industrie sottoutilizzate. Tale effetti sono, quindi, funzione della struttura dei consumi e devono essere valutati con riferimento alle indagini dei bilanci familiari e delle altre statistiche e studi sulla domanda dei beni e servizi delle famiglie.

La stima di interdipendenze ed effetti moltiplicativi è a volte basata su strumenti analitici aggregati (tavole input-output, matrici di contabilità sociale, modelli computabili di equilibrio economico, vedi capitolo 6) oppure, molto più spesso (specialmente nel caso di impianti industriali) su indagini specifiche dell'indotto (a monte ed a valle). È utile ricordare, a riguardo, che la Cassa per il Mezzogiorno ed alcune grandi società di studi e di consulenza italiani hanno effettuato, negli Anni Cinquanta e Sessanta, lavori considerati, a livello internazionale, pionieristici.

3.4.5 Effetti sul bilancio dello Stato.

Occorre determinare l'ammontare delle risorse finanziarie necessarie alla gestione dell'intervento progetto a carico dell'erario.

Per fare ciò occorre costruire un flusso di cassa che contabilizza gli effetti fiscali (entrate ed uscite dello Stato o dell'ente gestore). Questo tipo di analisi è frequente negli interventi infrastrutturali legati alla fornitura di servizi pubblici; occorre poi analizzare il sistema di tariffe a carico dei beneficiari, attraverso il quale l'ente di gestione intende recuperare i costi di investimento e le spese ricorrenti. Lo scopo dell'analisi degli effetti sul bilancio dello stato è di programmare le risorse finanziarie pubbliche a far fronte agli eventuali costi ricorrenti.

3.4.6 Conteggi multipli

Tutti i costi ed i benefici significativi devono essere considerati nella valutazione dell'intervento: è però necessario assicurarsi che non vi compaiano più di una volta. In primo luogo, benefici e costi esterni, o indiretti, possono essere erroneamente inclusi nel computo, anche se di essi si è già tenuto conto nel calcolo dei benefici e dei costi interni, o diretti, del progetto.

In altri casi, si potrebbe ritenere che i benefici si manifestano sotto forma di maggiore occupazione, o di afflusso di valuta estera, e che questi vadano aggiunti al beneficio economico che ci si attende di ricavare. Ma se gli input di manodopera e la valuta estera che l'intervento fa risparmiare od ottenere sono già stati correttamente valutati in termini del loro valore per la società, tali effetti devono ritenersi già impliciti nel calcolo, e non vanno sommati come se si trattasse di benefici o di costi distinti.

Altro caso, tipico nella pratica operativa di certi analisti e quello di considerare erroneamente gli incrementi di produzione agricola, industriale e commerciale, come benefici addizionali di un progetto stradale, anche quando di quei benefici si è già tenuto implicitamente conto nel calcolo della disponibilità a pagare per i servizi che la via di comunicazione offre agli utenti.

3.5 Vantaggi e limiti dell'Acb

Tra le tecniche di analisi economica, l'Acb ha taluni vantaggi intrinseci, in quanto consente di esprimere un giudizio di merito sull'efficienza delle risorse utilizzate, permettendo, nel contempo, di elaborare un sistema organico di documentazione per organizzare le informazioni che compongono i vari aspetti di un progetto (tecnologico, istituzionale, sociologico, fiscale, ecc.). La tecnica di analisi e i suoi risultati, sintetizzati in indicatori sintetici di convenienza, possono essere applicati a tutti i settori e per tutti i progetti di un piano o programma di spesa pubblica. L'Acb presenta quindi notevoli vantaggi specifici che sono sintetizzati di seguito:

a) è una tecnica basata su un modello economico implicito semplice, che postula una "convenienza al fare e a modificare uno status quo", laddove i ricavi siano maggiori dei costi; da questo punto di vista è di facile apprendimento e utilizzo anche per i "non economisti";

b) è molto eloquente nel dialogo tra livello tecnico e livello politico;

c) è utile come "contenitore" per altri aspetti dell'analisi (istituzionali, tecnici, ecc.).

D'altro canto, l'Acb presenta poi anche taluni limiti specifici:

a) richiede una notevole quantità di informazioni, che principalmente devono venire dal decisore pubblico. In particolare, l'analista deve avere disponibile (o comunque deve poter derivare) la funzione del benessere sociale, per poter determinare i valori (prezzi) con i quali far girare l'analisi. Un apologo interessante su questo deficit informativo è quello che segue, tratto da *Alice nel Paese delle Meraviglie* (1862) di Lewis Carroll: «...alzando gli occhi, fu alquanto sorpresa di scorgere il Gatto, che accovacciato sopra il ramo di un albero le sorrideva. "Micio, micino – incominciò a dire, quasi esitando, perché non era ben sicura che l'appellativo fosse per piacergli - ...Vuoi dirmi di grazia che strada devo prendere?". "Dipende da dove vuoi andare", rispose il Gatto. "Mi è indifferente", disse Alice. "Allora è anche indifferente prendere una strada piuttosto che un'altra", sentenziò il Gatto. "Purché giunga in qualche sito", completò Alice. "Purché cammini", disse il Gatto "puoi essere sicura di giungere in qualche sito"...».

b) è una tecnica che dà risultati dicotomici: ciò vuol dire che l'analisi fornisce infatti risposte o negative o positive nei riguardi di un progetto, una politica oppure di "alternative di disegno progettuale" e non può essere utilizzata (è questo costituisce uno dei limiti dello strumento) per raffrontare progetti o politiche alternative, in settori differenti. Laddove quindi i benefici di un'alternativa siano maggiori dei costi, ciò comporta che quella e solo quella alternativa sia economicamente valida: può non essere possibile un confronto con un'alternativa di utilizzo di risorse totalmente differente in termini tecnici e di obiettivi (alternativa diversa da quella analizzata) anche quando, magari, "renda" di più.

c) in molte occasioni e se non si impiegano adeguati strumenti di correzione, l'Acb può sottostimare l'impatto distributivo. Una delle principali assunzioni è che i benefici per un gruppo possano essere trattati simmetricamente alle perdite di un altro gruppo (l'intervento è efficiente se il vincitore può potenzialmente compensare il perdente). La valutazione dell'impatto distributivo è determinante nel giudicare l'opportunità di un intervento e indirizzare la scelta tra le alternative. Un miglioramento in termini distributivi potrebbe anche essere tale da giustificare un intervento che comporti un beneficio netto negativo per la collettività. È per questo motivo che, specialmente nei Paesi in cui il fisco non è in grado di far sì che vengano raggiunti gli obiettivi redistributivi della società, l'Acb economica viene integrata da tecniche che consentono di quantizzare gli effetti distributivi. Ciò avviene raramente in Paesi Ocse.

d) in alcuni casi (progetti in cui flussi netti di benefici netti negativi e positivi si alternano nel tempo) l'Acb può non fornire risultati "univoci" in termini di Sir.

e) l'Acb si può applicare solo a interventi piccoli o marginali in senso economico. Nel caso di progetti di dimensione tale da modificare il sistema dei prezzi relativi si dovrebbe passare a modelli di equilibrio economico generale e utilizzare strumenti più adatti a valutare l'impatto economico di un intervento sull'intera collettività di produttori e consumatori di riferimento.

CAPITOLO 4

L'ANALISI ECONOMICA DEGLI INTERVENTI DI SPESA PUBBLICA IN ITALIA

4.1 Premessa

La letteratura e la manualistica economica sull'Acb come strumento base per la *spending review* e per la valutazione degli interventi di spesa pongono molto l'accento sulla derivazione di "parametri nazionali" che esprimano gli obiettivi del Paese, quali concepiti dagli organi responsabili della politica economica e di "prezzi ombra" (o "prezzi contabili" oppure ancora "prezzi di riferimento" - gli autori utilizzano differenti denominazioni).

Tali "prezzi ombra" (così chiamati poiché emergono dall'ombra) esprimono scarsità relative (un elemento di politica economica "positiva") e obiettivo di politica economica (un elemento di politica economica "normativa"). Questo accento è in gran misura il risultato del contesto storico in cui tale letteratura e manualistica sono state elaborate: un'economia internazionale frammentata, economie nazionali relativamente "chiuse" a ragione di protezionismi commerciali (dazi, tariffe doganali, controlli valutari), forme in vario modo incisive di programmazione economica. Tale contesto storico, caratteristico del periodo tra le due guerre mondiali, ha marcato non solo i Paesi in via di sviluppo ma anche gran parte dei Paesi europei: in Italia ad esempio, le ultime vestigia dei controlli valutari sono state abrogate nel Novembre 1989.

Le sue implicazioni erano, non solo il forte rilievo alla politica economica "normativa" nella consapevolezza che le autorità nazionali avessero il dovere ed il potere di pilotare tanto il ciclo economico quanto lo sviluppo di lungo periodo, ma anche la convinzione diffusa (e motivata) che il grado di chiusura dell'economia, necessario in certa misura proprio per consentire di pilotare ed indirizzare l'economia nel breve, medio e lungo termine, non consentisse ai prezzi di mercato di produrre le informazioni appropriate su scarsità relative e su obiettivi di politica economica e, quindi, di essere segnali pertinenti per gli *stakeholder*. Infine, si riteneva che date le carenze del sistema tributario, e della Pa nel gestire la sua applicazione, l'investimento pubblico dovesse fare supplenza in materia di re-distribuzione del reddito attribuendo un valore più elevato ai benefici economico-sociali alle fasce sociali più basse tramite un meccanismo detto di "pesi variabili"; in tal modo l'Acb diventava "sociale", come è in effetti chiamata nelle letteratura e manualistica tradizionale.

Il metodo e le procedure seguite per la derivazione di "prezzi ombra" assumevano implicitamente che il Paese avrebbe adottato politiche di apertura all'economia internazionale ed integrazione nella medesima. Infine, la manualistica degli Anni Settanta (specialmente quella prodotta da Ocse, Unido e Banca mondiale ma anche quella pubblicata nei Paesi europei, sia a economia di mercato sia a economia di piano) riguardava principalmente i Paesi allora chiamati in via di sviluppo o comunque caratterizzati da un'apertura relativamente modesta alle transazioni internazionali, almeno sotto il profilo dei pagamenti e dei movimenti di capitali, nonché da limitata convertibilità delle loro valute.

A riprova, per certi aspetti controfattuale, di questo cenno storico occorre ricordare che proprio a ragione delle dimensioni e del grado di apertura internazionale della propria economia, gli Stati Uniti (il Paese dove l'Acb ha avuto maggiore diffusione, anche a ragione dell'applicazione sistematica fattane sin dall'inizio degli Anni Trenta) non hanno mai elaborato un sistema di "parametri nazionali"; hanno, invece, concentrato gli sforzi, anche metodologici, tecnici e statistici sull'elaborazione di "prezzi ombra" di beni e servizi o non vendibili sul mercato (ad es. ambiente), o considerati "meritori" (ad es. salute, istruzione) oppure caratterizzati da prezzi amministrati quali le tariffe (ad es. telecomunicazioni, trasporti, acqua). Gli Usa non hanno mai adottato "pesi variabili" in quanto hanno considerato che la spesa pubblica in generale e l'investimento pubblico in generale non dovessero fare supplenza per il sistema tributario e la sua amministrazione. L'Italia è parte di un'unione monetaria, è fortemente integrata nell'economia internazionale e ha una disoccupazione strutturale localizzata specialmente in alcune aree. Di conseguenza, occorre essere molto selettivi nell'eventuale impiego e derivazione di "parametri nazionali" e di "prezzi ombra". Ad esempio, non ha senso computare un "saggio di cambio ombra" (Sco nella manualistica tradizionale) per una moneta come l'euro convertibile e sul punto di diventare strumento di riserva internazionale pure di Banche centrali del resto del mondo. Non ha neanche senso computare un "saggio di salario ombra" (Sso), come si è fatto nel nostro Paese sino alla fine degli Anni Ottanta (utilizzando spesso le procedure di stima più differenti e più contrastanti le une con le altre) quando il tasso di disoccupazione era sul 10% delle forze lavoro.

Da un lato, esiste una vasta gamma di strumenti di politiche pubbliche (politiche attive del lavoro, ammortizzatori sociali) per tenere conto della disoccupazione strutturale nelle aree dove il fenomeno persiste. Da un altro, l'impiego del Sso comporta il pericolo di abbassare artificialmente il costo economico del lavoro aumentando, dunque, artificialmente gli indicatori di valore progettuale ed inducendo a finanziare politiche e progetti che verrebbero respinti se l'Acb venisse applicata correttamente. Ciò suggerisce, quindi, una buona dose di scetticismo quando consulenti ed esperti propongono derivazioni, spesso costose, del Sco e Sso; particolarmente il secondo, nelle prassi più recenti, richiede la costruzione e la stima econometrica di modelli migratori, operazione che può essere molto onerosa.

Verifiche effettuate con i Ministeri dell'economia e delle finanze, dello sviluppo economico, del lavoro indicano che il Sco ed il Sso non vengono in pratica mai derivati per l'Acb economica di progetti in Italia e che "pesi variabili" sono stati utilizzati principalmente per studi con finalità scientifiche, ma non opera-

tive. Differente il caso del Saggio di sconto sociale (Sss): come
si vedrà nel paragrafo seguente, è necessario derivarlo quanto
meno per avere un indicatore del costo opportunità dell'investimento pubblico e poter calcolare il Van ed il Sir economico (vedi
capitolo 3).

Venendo adesso ai "prezzi ombra", in Italia i prezzi di manufatti in settori aperti alla concorrenza internazionale sono, in
gran misura, allineati ai prezzi internazionali. Quindi, il problema della derivazione di "prezzi ombra" si pone principalmente:
per alcuni comparti produttivi (quali l'agricoltura) o dei servizi
dove vigono prezzi amministrati per i beni "meritori" o per beni
che non hanno un mercato di riferimento (nel capitolo 6 si presenta un caso di studio per illustrare come il "prezzo ombra" sia
stato stimato per un servizio allora ancora non disponibile, quello
della televisione digitale terrestre). Anche in materia di "prezzi
ombra", il suggerimento di questa *Guida operativa* è di derivarli
unicamente per i beni e servizi indicati in questo contesto.

Fatta questa premessa, il capitolo si soffermerà su questi
aspetti: i) la derivazione del Sss per il calcolo del Van e del Sir
economico; ii) la derivazione di "prezzi ombra" per i beni ed i
servizi indicati utilizzando sia la tecnica delle "valutazioni contingenti" sia scorciatoie operative.

4.2 Il numerario

Ogni sistema di prezzi e di valori ha un comune denominatore
(o "numerario") con cui esprimere grandezze relative a rapporti di scambio. Di norma, il "numerario" è, per definizione, uno
strumento contabile; nel sistema dei prezzi di mercato, esso è la
moneta nazionale.

L'utilizzazione di "prezzi ombra" nella valutazione economica dei benefici e dei costi degli interventi è il riconoscimento della non rispondenza nel sistema di prezzi di mercato, agli obiettivi
di medio e lungo periodo del Paese. Anche ove, come proposto

in questa *Guida operativa*, in numerosi casi l'utilizzazione di
"prezzi ombra" viene fatta in modo molto selettivo, una grandezza monetaria (ed una unità monetaria) non corrisponde ad una
grandezza (ed unità) economica. Ad esempio, se l'investimento è
minore di quello che, nell'ottica della visione degli obiettivi del
Paese (Fbs), dovrebbe essere rispetto al consumo, se la valuta
estera è scarsa, se l'occupazione è minore del livello desiderato,
se il reddito dovrebbe, ma in pratica non può, essere ridistribuito
tra fasce alte e fasce basse e non si possono utilizzare altri strumenti, segnatamente quelli tributari, per raggiungere gli obiettivi re-distributivi, un'unità monetaria, per esempio 1000 euro di
investimento aggiuntivo, ha un valore maggiore di 1000 euro di
consumo aggiuntivo, 1000 euro di produzione di beni esportabili
hanno valore maggiore di 1000 euro di beni prodotti per il mercato interno, 1000 euro di reddito di lavoro hanno valore maggiore
di 1000 euro di utili d'impresa, 1000 euro di consumo delle fasce
a basso reddito hanno valore maggiore di 1000 euro di consumo
delle fasce ad alto reddito.

Alcune di queste considerazioni si applicano prevalentemente
a Paesi in via di sviluppo con una struttura economica differente
da quella dell'Italia. Anche nel nostro Paese, però, la spesa per
investimenti pubblici è generalmente considerata di maggior valore della spesa di parte corrente (come evidenziato nei "piani di
rientro" accennati nel capitolo 1 in cui si pone sovente l'obiettivo
di un riequilibrio tra spesa di investimento pubblico e spesa di
parte corrente per migliorare la qualità complessiva della spesa
dello Stato) e la progressività tributaria indica che il valore alla
collettività, o valore sociale, di un incremento del reddito o dei
consumi delle fasce meno abbienti è maggiore di quello delle fasce benestanti. In ogni caso, occorre scegliere un "numerario"
economico per ricavare il saggio di attualizzazione per il calcolo
di indicatori di valore progettuale come il Van ed il Sir per la
spesa pubblica in generale e per l'investimento pubblico in particolare – saggio chiamato convenzionalmente, come si è visto, Sss
–, mentre per gli investimenti privati il parametro di riferimento

è l'investimento alternativo migliore e più sicuro (in Italia si utilizza il "rendistato", una media dei rendimenti dei titoli di Stato).

Per esprimere benefici e costi in termini di un unico "numerario" è, quindi, necessario scegliere una grandezza economica come unità di conto a cui assegnare convenzionalmente il valore nominale della moneta, ed esprimere le altre grandezze economiche in termini ad essa relativi. La scelta di uno o dell'altro tipo di grandezza economica come "numerario" è chiaramente arbitraria: essa non deve essere però confusa con la scelta di una particolare valuta od unità monetaria. Nella letteratura sull'Acb c'è stato, per lustri un intenso dibattito su quale numerario debba essere utilizzato, se quello proposto nel Manuale Unido (il consumo) o quello proposto nei Manuali Ocse-Banca mondiale (l'investimento liberamente convertibile in valuta e sotto il controllo delle autorità di Governo). Pur concettualmente molto simili, i due differenti "numerari" comportano differenti procedure di derivazione e stima. Questo dibattito è, in gran misura, di mero interesse intellettuale.

In questa *Guida operativa*, si propone l'uso, come "numerario", dell'investimento pubblico e si segue, in linea di massima, il metodo Ocse-Banca mondiale in quanto i documenti programmatici del Governo si rifanno alla interdipendenza tra decisioni sui programmi di spesa e quelle in materia di politica fiscale e monetaria, e postulano un miglioramento della efficienza dei processi produttivi alla luce di vincoli internazionali.

4.3 Il Saggio di sconto sociale (Sss)

Nella sua accezione più semplice, il Sss è il saggio da usare per attualizzare i costi e benefici e per calcolare il beneficio netto (Van) di un investimento pubblico. La scelta del Sss è strettamente legata alla scelta del "numerario", poiché lo sviluppo economico dovrebbe avere come risultato una graduale eliminazione delle distorsioni e quindi una graduale convergenza verso l'unità di rapporti tra i diversi tipi di spesa (investimento, consumo, spesa privata, spesa pubblica).

Data la definizione adottata per il "numerario" in quanto valuta estera nelle mani dell'autorità pubblica, il Sss si definisce quindi come il saggio di decremento temporale dell'utilità di tale numerario, ossia dell'utilità del reddito pubblico liberamente convertibile in valuta estera. Poiché al margine una unità di spesa pubblica a scopi produttivi (cioè per investimenti) ha lo stesso valore di una unità di spesa per trasferimenti, in questa accezione il Sss equivale alla produttività marginale dell'investimento pubblico. La definizione del Sss coinvolge notevoli problemi teorici ed operativi che ne rendono la stima e l'applicazione, un'operazione complessa e spesso controversa. In Italia la stima econometrica più articolata risale alla fine degli Anni Ottanta sulla base di dati relativi alla produttività del capitale nell'arco di tempo 1951-82, per l'Italia veniva stimato un Sss tra l'8% ed il 12%, valori relativamente elevati rispetto al 7% utilizzato in quegli anni in Francia ai fini della selezione dei progetti da includere nel IX programma quinquennale di sviluppo economico e sociale. Un Sss tra l'8% ed il 12% rifletteva non soltanto il tasso di produttività del capitale, e di crescita economica, del passato, ma anche un'aspettativa generale secondo cui, dopo un rallentamento alla fine degli Anni Settanta, la fase di espansione potesse presto riprendere: i documenti di politica economica del primo scorcio degli Anni Ottanta puntavano a tassi di crescita reale del Pil superiori al 3% l'anno e, in effetti, tra il 1984 e ed il 1988 l'aumento annuale del Pil ha sfiorato il 4%. Un Sss tra l'8% ed il 12% implicava, comunque, un criterio di scelta tendente a preferire operazioni con benefici poco differiti nel tempo rispetto a progetti con benefici molto lontani nell'arco di vita dell'operazione e presupponeva che i benefici venissero re-investiti in combinazioni produttive il cui rendimento non sarebbe stato inferiore a quello del progetto iniziale. Ciò voleva dire, ad esempio, preferire progetti industriali o il superamento di strozzature infrastrutturali ad investimenti in capitale umano (istruzione, formazione, salute) o in tutela dell'ambiente oppure ancora per le generazioni future. Nel 1987, il Dipartimento per il Mezzogiorno della Presidenza del consiglio dei ministri informava, per circolare amministrativa, che nelle aree dell'intervento straordinario si sarebbe utilizzato un Sss del 5%; non veniva, però, offerta alcuna spiegazione della scelta.

Nell'affrontare questi argomenti, occorre, in primo luogo, riflettere sulla natura e sui contenuti dell'intervento e soprattutto dell'investimento pubblico in questo inizio di 21simo secolo e nei decenni che verranno. La spesa pubblica, non si riferisce da tempo allo Stato come produttore (manifatture) e riguarda sempre meno la realizzazione di infrastrutture con forti esternalità ed interdipendenze per le attività produttive (e, quindi, con rientri poco differiti nel tempo). È sempre più rivolta alla manutenzione del parco infrastrutturale esistente, oppure ad investimenti per la qualità della vita (ripristino ambientale, sanità, risorse umane) con benefici molto differiti nel tempo. Di conseguenza, una traccia interessante di metodo può venire individuata nella letteratura che in questi ultimi anni si è rivolta alla tematiche di equità intergenerazionali applicate all'Acb. In secondo luogo, le economie mature sono caratterizzate da tassi di crescita reale contenuti, da un'aspettativa di vita alla nascita in aumento, da livelli di consumo pro-capite relativamente elevati, da un'elasticità molto bassa dell'utilità marginale sociale del consumo al variare dei livelli di consumo e da meccanismi di re-distribuzione molto ampi, tramite il fisco, la spesa e la regolazione pubblica. All'inizio degli Anni Novanta, tenendo conto che il reddito pro-capite cresceva sull'1,5-2% l'anno e che il saggio di preferenza intertemporale, ossia se preferire un consumo oggi o domani o dopodomani, poteva essere stimato sul 2,5-3%, il Sss veniva derivato sul 4-5% in Canada, negli Stati Uniti e nel Regno Unito. Queste stime sottolineavano altresì come il grado di tutela sociale, incidendo sul grado relativo di avversione al rischio (vedi capitolo 5), sia una determinante importante delle preferenze intertemporali: nel Regno Unito il Sss è aumentato in conseguenza delle modifiche nella rete di protezione sociale attuata negli Anni Ottanta. È anche cresciuto moltissimi nei Paesi che sino alla fine degli Anni Ottanta si definivano "a socialismo reale". In terzo luogo, infine, queste stime del Sss si approssimano a quelle del tasso di interesse reale, calcolate negli ultimi anni per i maggiori Paesi industriali deducendo dal tasso nominale il saggio di inflazione atteso. Nella tabella seguente, si riassumono i Sss applicati in questi anni dai Ministeri dell'economia e delle finanze o Amministrazioni ad esse analoghe di alcuni tra i maggiori Stati dell'Ue.

PAESE	SSS	METODO DI DERIVAZIONE
Regno Unito	3,5%	Saggio di preferenza intertemporale
Germania	3,0%	Saggio di preferenza intertemporale
Olanda	4,0%	Saggio di preferenza intertemporale
Francia	8,0%	Saggio di rendimento invest. privati
Portogallo	4,0%	Saggio di preferenza intertemporale
Irlanda	5,0%	Saggio di rendimento invest. privati
Spagna	4-6%	Varia a seconda del settore
Italia	5,0%	Lettura economica su Acb

La recente Guida della Commissione europea utilizzata per l'elaborazione del formulario dei grandi progetti adotta il 5% seguendo, in sostanza, il metodo e la letteratura prodotta in Italia in questi ultimi anni. È consentita per alcune aree dei Paesi membri dell'Ue una sua riduzione fino al 3%, qualora si dimostri un effettivo disagio economico. È in corso un acceso dibattito di metodologia economia sulla rilevanza di utilizzare il medesimo Sss anche per i nuovi Stati Ue, in particolare per i beneficiari dei Fondi di investimento europei. Tale dibattito, con forti venature polemiche, deve essere considerato di scarso rilievo operativo.

4.4 I "prezzi ombra" di rilievo per l'Italia

Sotto il profilo concettuale, il principio di base per la derivazione dei "prezzi ombra" è quello di far riferimento al mercato

internazionale perché è sul mercato internazionale che si rileva
il costo opportunità di un bene, se è più conveniente, per la collettività, produrlo all'interno o importarlo dall'estero.

Questo è
stato l'apporto principale dei Manuali Ocse ed Unido degli Anni
Settanta che hanno reso i "prezzi ombra" di facile comprensione,
utilizzazione e anche calcolo a dirigenti e funzionari della Pa di
tutto il mondo; in precedenza, il ricorso, prima, a strumentazione
matematica (quale la programmazione lineare e la programmazione integrale mista, quest'ultima specialmente per i manufatti)
e, successivamente, a complessa modellistica econometrica ren-
deva la derivazione dei "prezzi ombra" accessibile unicamente a
specialisti, impedendo in pratica l'apporto della Pa. Il ricorso al
mercato internazionale viene proposto non perché si ritenga che
questo mercato sia più efficiente o meno distorto di quello interno, ma perché quali che siano le sue distorsioni, sono in ultima
analisi i prezzi internazionali quelli che il Paese paga per l'utilizzazione delle risorse e che ottiene con i prodotti del progetto, sia
che questi siano commerciabili internazionalmente sia che essi si
propongano come sostituti di beni o servizi importati. Per prezzi internazionale si intendono i "prezzi alla frontiera" calcolati
nello stesso modo in cui vengono calcolati nelle statistiche del
commercio con l'estero, cioè al valore c.i.f. (*cost, insurance and
freight*) per i beni importati ed al valore f.o.b. (*free on board*) per
quelli esportati.

Come si è detto in premessa di questo capitolo, per Paesi,
come l'Italia, che fanno parte dei mercati comuni, unioni doganali e zone di libero scambio, i "prezzi alla frontiera" sono la media
ponderata, tanto per l'import quanto per l'export, del commercio
con gli altri Paesi del mercato comune, della unione doganale e
della zona di libero scambio e degli scambi con il resto del mondo. Questa notazione deve essere tenuta presente in particolare
per i progetti di produzione agricola a ragione del significativo
differenziale, in alcuni comparti merceologici, tra prezzi agricoli
comunitari e prezzi agricoli mondiali.

Secondo questo principio di base, il mercato internazionale

prende il posto del mercato interno nel fornire le informazioni necessarie alla Pa per determinare l'allocazione delle risorse.

Occorre sottolineare che l'utilizzazione dei prezzi internazionali come punto di riferimento per misurare, anche se in prima approssimazione, il grado di divergenza dei prezzi interni rispetto agli obiettivi del Paese, solleva numerosi e complessi problemi analitici e pratici che non hanno grande rilievo in Paesi come l'Italia in quanto essi sono integrati nell'economia internazionale. È sufficiente visitare una grande città straniera dell'area dell'euro per constatare come, per le maggiori categorie merceologiche di beni oggetto di commercio internazionale, i prezzi siano sostanzialmente allineati. Di conseguenza, l'avvertenza è di usare prudenza.

I beni ed i servizi non commerciati internazionalmente sono di tre tipi: i) quelli che per loro caratteristiche intrinseche non sono oggetto di commercio internazionale o lo sono in maniera limitatissima (ad esempio, il taglio dei capelli); ii) quelli il cui prezzo interno è al di sopra del prezzo f.o.b. di esportazione e al di sotto del prezzo c.i.f. di importazione; iii) quelli la cui commerciabilità è impedita da tariffe, tasse, restrizioni quantitative o altri interventi pubblici. In quest'ultimo caso, molto raro in Italia, il prezzo interno è al di sopra del prezzo f.o.b. meno le tasse sull'esportazione e al di sotto del prezzo c.i.f. più i dazi doganali.

Il "prezzo ombra" di un bene o servizio non commerciato internazionalmente può essere stabilito facendo un'analisi dell'effetto dell'intervento sulla sua offerta e/o domanda. Se il progetto utilizza il bene o servizio come input e l'aumento di domanda causato dal progetto si riflette in un aumento dell'offerta del bene stesso, il "prezzo ombra" deve essere misurato come il costo marginale di produzione del bene e del servizio. Se invece l'offerta è fissa, e pertanto l'aumento di domanda del progetto implica una riduzione di consumo in altre parti dell'economia, il "prezzo ombra" è il valore a prezzi ombra di tale riduzione di consumo.

In pratica, è difficile se non impossibile applicare i processi iterativi di stima previsti dalla letteratura e dalla stessa manualistica al singolo intervento poiché, oltre alla obiettiva gravosità delle operazioni di stima e di computo necessarie, i dati sui costi di produzione degli input sono raramente disponibili senza uno sforzo finalizzato di ricerca e di studio. Se del caso, i "prezzi ombra" dei più importanti beni o servizi non commerciati, a livello aggregato o di settore, devono quindi venir stimati da gruppi di lavoro tecnici, da organizzare nell'ambito dei Nuclei di valutazione nazionali e/o regionali.

In questa *Guida operativa* si possono indicare alcune scorciatoie operative. Nel caso di beni e servizi che sostituiscono beni importati o esportati, nel senso che soddisfano lo stesso tipo di bisogni, ma con gradi differenti di qualità, la procedura più semplice è quella di utilizzare il prezzo di mercato interno moltiplicato per un fattore di conversione uguale al rapporto della media ponderata dei prezzi c.i.f. e f.o.b. dei prezzi interni dei beni sostitutivi. Nel caso che sia possibile identificare un sostituto con caratteristiche particolarmente simili (per esempio, il latte in polvere in luogo del latte fresco), è possibile semplificare ulteriormente la procedura utilizzando il rapporto tra il prezzo internazionale ed il prezzo interno di tale sostituto come fattore di conversione specifico.

Quando le possibilità di sostituzione più o meno specifiche non ci sono, il punto di partenza è sempre il prezzo di mercato interno moltiplicato per un fattore di conversione uguale al rapporto della media ponderata dei prezzi c.i.f. o f.o.b. di un appropriato paniere di beni di consumo con la media ponderata dei prezzi interni dello stesso bene. Pur non essendoci una sostituzione in termini di soddisfacimento del bisogno, l'aumento di consumo di qualsiasi bene o servizio a parità di reddito deve pur sempre risultare nella riduzione (e quindi nella sostituzione) del consumo di altri beni e servizi.

Queste indicazioni non devono essere applicate in modo meccanico, ma devono essere interpretate con giudizio ed accortezza, tenendo conto, come si è ricordato, che la derivazione dei "prezzi ombra" dai prezzi internazionali non è priva di problemi metodologici e pratici ed è rilevante principalmente per quei beni o servizi che operano in mercati interni protetti.

In molti casi è opportuno rivolgersi alla struttura dei prezzi interni che riflettono "la disponibilità a pagare" dei consumatori. Per "disponibilità a pagare" si intende un prezzo teorico, dipendente dalle preferenze del consumatore che attribuisce un valore soggettivo ad una data quantità di merce. Tale valore coincide con quello di mercato sempre che il mercato esista e non contenga distorsioni (quali per esempio, il razionamento). Se il mercato non esiste o è distorto, questo valore è lo strumento principale per la stima del beneficio sociale della produzione del bene in questione. Oltre ai casi dei progetti di servizi pubblici, è utile soffermarsi sui beni e servizi che per le loro caratteristiche intrinseche non possono essere oggetto di commercio internazionale. Si è menzionato l'esempio del taglio di capelli, non certo oggetto consueto di intervento pubblico. Si faccia l'ipotesi, invece, che una strada ferrata abbia un ruolo importante nella struttura dei costi di un intervento che ha lo scopo di produrre un sostituto alle importazioni. Se l'utilizzazione della strada ferrata da parte dell'intervento sottrae trasporti al resto dell'economia, è utile la stima della "disponibilità a pagare" da parte degli utenti per identificarne il "prezzo ombra".

Al fine d'illustrare i principi generali della tecnica, si prenda l'esempio del valore da dare all'elemento "tempo" – una variabile che appare frequentemente negli interventi per trasporti o per servizi pubblici in generale e nei costi opportunità ad essi relativi e che è sempre presente nei progetti di innovazione e modernizzazione. Poiché ci si propone di quantificare il valore che, nella funzione di preferenza dell'utente, si deve attribuire all'elemento "tempo" (ad esempio al tempo per viaggiare da un punto all'altro di un certo territorio oppure per sbrigare determinate pratiche amministrative), lo strumento più naturale e più semplice d'analisi consiste nell'esaminare situazioni in cui gli utenti possono o debbono scegliere tra utilizzare risorse finanziarie o utilizzare tempo. Un caso del genere si pone, per esempio, nella scelta tra un mezzo di trasporto più rapido ma più caro (come un'autostrada con pedaggio) ed un mezzo meno rapido, ma meno caro (come una strada provinciale). Oppure tra una procedura informatizzata ed una non informatizzata anche per una operazione semplice come il protocollo della corrispondenza in arrivo ed in partenza dall'ufficio. Sulla base di un campione d'osservazioni si può dedurre il valore medio attribuito all'elemento tempo da utenti con particolari caratteristiche (di reddito, di livello di istruzione).

Per stimare la "disponibilità a pagare" si fa, di norma, uso di raffinate tecniche di sondaggio, illustrate in testi su quella che viene chiamata "la valutazione contingente" – ossia la valutazione del bene e del servizio, rispetto ad altri beni e servizi, effettuata in un determinato momento (quindi "contingente"), dai consumatori. Le procedure per una "valutazione contingente" possono essere più o meno elaborate, e più o meno costose. Sta al dirigente e funzionario della Pa giudicare se la procedura proposta da consulenti è pertinente e non più complessa del necessario. Nel capitolo 6 di questa *Guida operativa*, si riporta il caso della valutazione della politica, del programma della transizione da televisione analogica a televisione digitale terrestre: la "disponibilità a pagare" per un servizio peraltro ancora non conosciuto dai consumatori è stata stimata, attraverso un modello econometrico, utilizzando solamente i dati di un questionario di circa 400 persone somministrato tra dirigenti e funzionari pubblici e studenti universitari.

Gli interventi che hanno per obiettivo la produzione di servizi pubblici presentano alcune caratteristiche speciali che rendono necessari degli adattamenti delle tecniche di derivazione dei "prezzi ombra". Le più importanti di tali caratteristiche sono le seguenti:

a) Spesso i servizi pubblici (strade, scuole, ospedali) non hanno prezzi osservabili sul mercato che, con le dovute correzioni, possano essere utilizzati per valutare i loro costi ed i loro benefici. Nella maggior parte dei casi, inoltre, i servizi pubblici non sono commerciati internazionalmente e possono essere valutati al costo marginale di produzione solo se sono essi stessi input di un progetto di un altro settore (ad es., formazione per un progetto industriale);

b) nei casi di servizi pubblici che hanno un prezzo (elettricità, acqua, strade a pedaggio), si tratta quasi sempre di tariffe stabilite in via amministrativa in base a considerazioni di ordine politico. I livelli e le strutture di queste tariffe hanno un ruolo importante nella determinazione della domanda per i servizi in questione;

c) in molti casi, la valutazione dell'opportunità di dar corso a un intervento per la produzione od il miglioramento di servizi pubblici non è tanto un problema di accettazione/rigetto quanto un problema di ottimizzazione temporale. Non si tratta cioè di decidere se fare o meno l'intervento, ma quando farlo e come articolare le sue fasi nel tempo.

Nella valutazione dei progetti di servizi pubblici gioca, perciò, un ruolo fondamentale la determinazione della "disponibilità a pagare". In alcuni casi (sanità, istruzione) si opera in comparti dove di fatto il mercato non opera che in misura modesta. Nel settore della sanità, ad esempio, l'analisi delle scelte degli utenti per integrare, con assicurazioni private e/o visite a medici privati il servizio sanitario nazionale, può fornire informazioni utili sul valore che i beneficiari attribuiscono alle prestazioni delle Aziende sanitarie locali (Asl) e delle altre componenti del servizio sanitario. Nel settore dell'istruzione, raffronti analoghi possono essere fatti esaminando la domanda per scuole private con quelle per scuole pubbliche, e così via. In altri casi, occorre basarsi su stime indirette, derivate da prezzi di beni e servizi che hanno un mercato. Per il disinquinamento di fiumi o di riduzione del livello di rumori in prossimità di aeroporti, per esempio, i benefici in termini di miglioramento della situazione ambientale possono essere dedotti dall'aumento di valore delle aree fabbricabili nelle zone in questione. Per i beni culturali, i benefici in termini di domanda turistica forniscono dati utili sulla "disponibilità a pagare" di certe categorie di utenti, e così via.

Il principio della "disponibilità a pagare" deve essere utilizzato con cautela poiché la sua applicazione implica un giudizio positivo sulla "disponibilità di pagare" degli utenti dei pubblici servizi. Se tali utenti hanno livelli di reddito molto bassi il prezzo che essi sono disposti a pagare per i servizi pubblici può essere anch'esso molto basso, tale cioè da non giustificare la realizzazione dell'intervento. Per tenere conto di ciò e per evitare delle scelte sostanzialmente regressive, è necessario, quindi, stimare "le disponibilità a pagare" per una media ponderata degli utenti che escluda, o includa ad un livello fisso, coloro il cui consumo sarebbe al di sotto dello standard sociale minimo. Questa correzione è valida tanto per le utenze esistenti che per le nuove utenze, ma è particolarmente importante per queste ultime poiché esse corrispondono in genere alle aree del Paese a reddito più basso.

Si possono fare numerosi esempi di progetti per servizi pubblici, in cui il principio della "disponibilità a pagare" è lo strumento più importante per stimare i benefici dell'intervento o degli interventi in questione. Nel caso della scelta del luogo dove costruire una nuova scuola, per esempio, occorre tener conto del tempo che gli utenti (studenti, genitori, insegnanti) decidono di impiegare per raggiungere il sito dove usufruire dei servizi in questione. In questi casi, anche se è evidente che al tempo viene attribuito un valore (ed anzi valori diversi a seconda degli utenti), non esiste un ovvio mercato dove vendere o acquistare tempo. Parimenti nell'analisi di progetti di costruzione, manutenzione e miglioramento stradale, è con il metodo della "disponibilità a pagare" che si stimano i benefici per gli utenti (tra cui i risparmi di tempo, carburante, l'uso dell'autoveicolo, ecc.). Alla stessa stregua, il silenzio, l'aria e l'acqua pura, il paesaggio sono beni e servizi a cui si attribuisce un valore, anche se non esiste un mercato ove ricavarlo.

La "disponibilità a pagare" è anche una funzione delle alternative esistenti all'interno di una regione. Ad esempio, il valore del disinquinamento di un fiume dipende dal numero di altri fiumi o canali "puliti", e dalla misura in cui questi fiumi o canali rappresentano delle alternative appropriate a quelli inquinati. In una regione in cui ci sono diverse fonti di acqua pulita, il beneficio marginale di fornirne una in più è probabilmente molto più piccolo di quello che si avrebbe in una regione dove vi sono pochissime fonti di acqua pulita e dove fiumi e canali sono inquinanti. Allo stesso modo, il beneficio marginale di una nuova scuola, di un nuovo ospedale, di una nuova strada (o della scuola, ospedale e strada da migliorare/ampliare) e la relativa "disponibilità a pagare" dipendono dalle scuole, dagli ospedali e dalla rete viaria e dai modi di trasporto esistenti nella regione in questione.

Un altro elemento che influenza "la disponibilità a pagare" concerne i benefici di coloro che non utilizzano il risultato degli interventi. Anche costoro ottengono dei benefici dal fatto di sapere che, se vogliono, possono utilizzare i beni od i servizi in questione. Ad esempio, nel contesto di un sistema sanitario nazionale in cui i servizi dei medici vengono offerti gratuitamente o quasi, occorre tener conto anche dei benefici di coloro che preferiscono continuare ad utilizzare le prestazioni di medici privati. In maniera simile, nel contesto di un programma per migliorare il parco autobus a disposizione dei trasporti municipali, occorre tener conto anche dei benefici di coloro che continuano ad utilizzare autoveicoli privati e che, presumibilmente, beneficeranno di una riduzione della congestione.

In conclusione, nel misurare i benefici, occorre comprendere la sommatoria delle "disponibilità a pagare" di tutti i beneficiari, sia che utilizzino o che non utilizzino il miglioramento delle condizioni ambientali risultanti dagli interventi. È questa una regola importante in quanto nel quantificare i benefici di progetti per i servizi pubblici spesso si tende a sottovalutarli. Infine, l'utilizzazione del metodo della "disponibilità a pagare" è in parte determinata dalla distribuzione del reddito. Per certi progetti, quali quelli di tutela dell'ambiente, ciò vuol dire che bisogna tener conto del fatto che i meno abbienti, i quali sono spesso coloro che soffrono di più del degrado dell'ambiente in cui vivono ed operano, devono essere protetti anche e soprattutto se le spese in questione eccedono la loro capacità di pagare.

Per altri tipi di progetti di servizi pubblici (sanità, istruzione, trasporti urbani) è possibile che i principali beneficiari appartengano a gruppi sociali ed a categorie a basso reddito per i quali il risultato dell'intervento pubblico ha un'importanza sociale particolarmente elevata o che i progetti medesimi abbiano lo scopo di permettere il raggiungimento di standard sociali minimi prestabiliti. In tutti questi casi una corretta stima della "disponibilità a pagare" permette di verificare pesi e standard sociali.

Numerose procedure semplificate possono essere utilizzate per stimare la disponibilità a pagare. Le procedure più utilizzate consistono: i) nell'analisi della risposta del consumatore ai cambiamenti di prezzi; ii) nell'analisi del paniere di spesa del consumatore; iii) nell'analisi delle alternative migliori per ottenere il bene e servirlo.

Per facilità di esposizione, prendiamo tre esempi dal settore delle telecomunicazioni, in particolare dei telefoni. Consideriamo un Paese in cui le tariffe telefoniche non sono aumentate dal 1980 al 2002, nonostante che i prezzi al consumo abbiano subito nello stesso arco di tempo un aumento dell'80%. In questo caso, si può presumere che un piano di investimento che comporti un aumento delle tariffe del 50% ed un miglioramento della qualità del servizio, permetta che il consumatore goda di un sovrappiù di almeno il 30% delle tariffe che sarebbe disposto a pagare.

Se a ragione della cattiva qualità del servizio in certe parti della città, i consumatori concentrano i loro uffici in quelle dove il servizio è buono, causando un aumento dei fitti, il differenziale di spesa per le locazioni può fornire un'indicazione della "disponibilità a pagare" (e del relativo sovrappiù del consumatore) per un efficiente servizio telefonico.

Se, infine, un corriere privato è l'alternativa migliore al cattivo servizio telefonico, il costo ad esso pertinente consente di stimare "la disponibilità a pagare" per un migliore servizio telefonico.

Gli interventi per i servizi pubblici comportano spesso l'analisi di complessi problemi tariffari, relativi cioè alla struttura ed al livello delle tariffe per la erogazione dei servizi in questione.

Quando questi temi vengono esaminati dal punto di vista dell'ente erogatore dei servizi, si tratta essenzialmente di problemi di analisi finanziaria: di definire, cioè, quali dovrebbero essere il livello e la struttura delle tariffe per consentire all'ente di coprire i costi finanziari, fissi e di esercizio, nonché gli interventi di ampliamento e miglioramento dei servizi. Non c'è accordo nella letteratura sui metodi e strumenti da utilizzare per definire il livello e la struttura delle tariffe: se il costo marginale di produzione di breve o lungo periodo, o altri criteri quali quelli basati su sistemi di prezzi discriminanti più o meno complessi. Dato che non esiste una soluzione semplice, in pratica si adottano spesso politiche tariffarie basate sul costo medio di produzione, ma integrate con meccanismi discriminanti per privilegiare certe categorie di utenti rispetto ad altre o per fini distributivi o per rispondere ad obiettivi specifici di programmazione.

In termini economici, il metodo da utilizzare per valutare le tariffe di un sistema di servizi pubblici (energia elettrica, telecomunicazioni, trasporti urbani) consiste nei seguenti stadi: i) identificazione del sistema; ii) definizione degli obiettivi del sistema come parte integrante degli obiettivi socio-economici del Paese; iii) calcolo della soluzione ottimale attraverso un modello d'ottimizzazione; iv) derivazione da questa soluzione ottimale dei "prezzi ombra" rilevanti; v) calcolo ed utilizzazione dei prezzi efficienti con cui realizzare la soluzione ottimale.

Nella prassi operativa non è sempre possibile derivare i livelli e le strutture tariffarie da utilizzarsi nell'analisi economica degli interventi per servizi pubblici facendo uso di modelli d'ottimizzazione. Molto spesso, infatti, gli obiettivi del sistema in questione non sono chiari o non sono collegati in modo palese con gli obiettivi socio-economici del Paese (come si è visto, al capitolo 2, a proposito delle privatizzazioni); in questi casi l'uso di modelli di ottimizzazione può avere per lo più uno scopo illustrativo: quello di illustrare quali sarebbero i livelli e le strutture tariffarie "efficienti" in funzione di determinati obiettivi.

Occorre, dunque, far ricorso a scorciatoie operative. La più semplice consiste: i) nel considerare i livelli e le strutture tariffarie esistenti come il retaggio storico di decisioni non sempre prese con obiettivi chiari e l'uno compatibile con l'altro; ii) nell'utilizzarli, tuttavia, ai fini dell'analisi finanziaria per stimare l'impatto del progetto sulla situazione finanziaria dell'ente erogatore del servizio pubblico in questione; iii) nell'impiegare ai fini dell'analisi economica, ed in armonia con i principi illustrati in precedenza, livelli e strutture basate su prezzi internazionali. Ad esempio, nel caso di un progetto di miglioramento o espansione delle ferrovie, al posto delle tariffe italiane (e delle disponibilità a pagare degli utenti ricavate su questa base) possono utilizzarsi quelle europee e più specificamente la loro media ponderata oppure la media ponderata dei sussidi alle ferrovie nei Paesi Ue. Procedure simili potrebbero venir impiegate per progetti di miglioramento o espansione della rete elettrica o telefonica.

L'analisi dei progetti di servizi pubblici presenta problematiche differenti a seconda che i beneficiari siano vecchie o nuove utenze. Innanzitutto, ci sono differenze di obiettivi, strutture tecnico-istituzionali e composizione fisica del progetto. Nel caso di vecchie utenze, ad esempio, il progetto riguarda spesso il miglioramento e/o l'ampliamento di un impianto e di una rete esistente (per elettricità, acqua, gas, trasporti urbani) mentre nel caso di nuove utenze si è frequentemente alle prese con la messa in funzione di un nuovo impianto a rete e, a volte, anche con la creazione di nuovi enti ed istituzioni. Inoltre, il caso di vecchie utenze riguarda gruppi sociali già abituati ad un certo livello e tipo di servizi la cui domanda non risponde che gradualmente ai mutamenti dei prezzi (cioè delle tariffe), mentre la risposta ai prezzi (cioè alle tariffe) delle nuove utenze è più immediata. Infine, mentre nel caso di nuove utenze il problema di fondo dell'analisi del progetto è quello tradizionale di raffrontare la situazione "con" e "senza" l'intervento, questo problema assume una caratteristica particolare per gli utenti che già usufruiscono del servizio a causa degli effetti sulle utenze del degrado del servizio in questione (fluttuazioni del voltaggio, interruzioni nella distribuzione di acqua e gas, sovraffollamento degli autobus e delle metropolitane, degrado dei musei e dei beni culturali, delle infrastrutture scolastiche o sanitarie). In breve, mentre per le nuove utenze l'aspetto essenziale è domandarsi se vale la pena effettuare l'investimento, per le vecchie utenze l'aspetto essenziale è, invece, quando effettuare l'investimento. Sono due domande distinte e differenti.

Alcune scorciatoie operative possono essere utili nella preparazione e valutazione dei due tipi di interventi: i) in quelli per vecchie utenze, uno dei benefici principali del progetto consiste nel risparmio per i consumatori derivante dal mancato degrado del servizio; ii) in quelli per nuove utenze i benefici più frequenti sono: a) risparmi per i consumatori quando il servizio che si ottiene è meno caro delle alternative (ad esempio, trasporti pubblici rispetto a trasporti privati); ii) servizi di una qualità migliore (ad esempio, impianti domestici di acqua corrente che vengono preferiti dai consumatori alle fontane pubbliche anche se costano di più); c) produzione addizionale che può essere generata dalla riduzione dei prezzi e/o dal miglioramento della qualità dei servizi pubblici (ad esempio, espansione della capacità industriale risultante da progetti per nuove utenze di energia elettrica).

Mentre gli interventi per vecchie utenze non rappresentano di solito un'occasione per introdurre modifiche sostanziali nella struttura e nei livelli delle tariffe, l'analisi di quelli per nuove utenze comporta un esame dettagliato dei livelli e delle strutture dei rientri finanziari ed è, dunque, un'occasione puntuale per esaminare se e come le tariffe riflettono i costi, sia finanziari che economici.

CAPITOLO 5

PROGRAMMAZIONE E VALUTAZIONE IN CONTESTI DINAMICI: RISCHIO, INCERTEZZA E OPZIONI REALI

5.1 Premessa

Questo capitolo esamina gli aspetti di rischio e di incertezza costantemente legati all'analisi ed alla valutazione di politiche, di programmi e di progetti. L'analisi di rischio è entrata, in vario modo, nella valutazione di politiche, piani e progetti da circa 50 anni. L'analisi e, soprattutto, la valutazione dell'incertezza è, invece, un aspetto recente anche in quanto i principali lavori metodologici in materia risalgono ad una dozzina di anni fa. Alla valutazione dell'incertezza è stato dedicato un vasto progetto di ricerca condotto dall'ex Sspa (oggi Sna), Banca mondiale, Ministero dell'economia e delle finanze (Mef), Ministero delle comunicazioni (tramite la Fub) e Università di Roma, Tor Vergata di cui si sono ricordati i tratti salienti al Capitolo 1 di questa *Guida operativa*.

La *Guida operativa*, soprattutto, è il primo sforzo di tenere conto delle risultanze di queste e altre iniziative che gli autori hanno realizzato in campo sia accademico che professionale in un documento mirato a fare uscire il dibattito su rischio ed incertezza e renderlo alla portata di chi più direttamente collabora alle decisioni (sia amministrative, sia politiche) sulla spesa pubblica. Si tratta di argomenti che presentano aspetti tecnico-economici e che, di norma, richiedono una preparazione avanzata in matematica applicata. In armonia con le finalità di questa *Guida operativa*, non si farà ricorso a strumentazione matematica nell'assunto che il ruolo di dirigenti e di funzionari, in gran misura di formazione giuridico-istituzionale, è quello di guidare gli specialisti che conducono il lavoro di analisi di rischio e di incertezza, in modo che tale lavoro sia correttamente impostato, e di formulare domande a consulenti ed esperti per verificare che viene correttamente svolto. Molto raramente, dirigenti e funzionari della Pa sono chiamati a condurre in prima persona analisi di rischio e di incertezza per operazioni di spesa pubblica, tanto in materia di politiche quanto in tema di programmi.

In premessa, occorre effettuare una precisazione. Nel lessico corrente (nonché in quello specifico di numerose discipline, quali quelle giuridico-istituzionali o sociologico-amministrative) rischio ed incertezza sono considerati sinonimi. In economia, invece, rischio ed incertezza sono concetti molto distinti.

Per rischio si intende la situazione di chi si trova di fronte a uno o più eventi che possono verificarsi ed essere previsti con vario grado di probabilità, quanto meno in modo soggettivo. Ciascuno di noi ha una maggiore o maggiore "avversione al rischio" (o, di converso, "propensione al rischio") in tutte le decisioni importanti che prende nel corso della propria vita: sposarsi, avere figli, prendere un lavoro invece di un altro, costruirsi un portafoglio di investimenti mobiliari ed immobiliari. Si tratta sempre di decisioni che vengono prese sulla base di informazioni incomplete, specialmente per quanto riguarda le possibili evoluzioni future. Nel prenderle, facciamo, più o meno implicitamente, un calcolo delle probabilità afferente all'oggetto della decisione ed alle sue componenti. Vi è, ad esempio, un calcolo delle probabilità molto complesso pure dietro la frase *"Io speriamo che me la cavo!"*. Il rischio è "statico" nel senso che rispecchia il giudizio derivante dalla stima delle probabilità (relativo all'oggetto della decisione) effettuata in un momento preciso e ben determinato. È di "statistica comparata" quando, come spesso avviene, si mettono a confronto percezioni di rischio in due o più momenti differenti in un arco di tempo (ad esempio, la vita economica di una politica o di una politica, di un programma o di un progetto).

Per incertezza, si vuole, invece, intendere un cambiamento totale della situazione e del contesto in cui essa si verifica. In questi casi, non è possibile fare ricorso al calcolo delle probabilità (neanche dal punto di vista soggettivo) non tanto per il vasto numero di variabili coinvolte – oggi qualsiasi *personal computer* può trattare simultaneamente calcoli delle probabilità, anche complessi, di un vastissimo numero di variabili – ma perché è estremamente difficile costruire quello che i militari (e i servizi di spionaggio e controspionaggio) hanno chiamato per decenni "lo scenario contro fattuale" oppure ancor meglio "gli scenari contro fattuali", termini da alcuni anni anche utilizzati da economisti specializzatisi nell'analisi dell'incertezza. L'incertezza è "dinamica" perché il cambiamento completo della situazione può apportare (e di norma apporta), nel tempo, altri cambiamenti (positivi e negativi) che si intrecciano tra loro

5.2 Analisi di rischio

Tale analisi è, o dovrebbe essere, la norma di tutte le valutazioni, anche e soprattutto di quelle, più consuete, a carattere macro-economico. Per decenni, la Wharton Econometrics Forecasting Associates (Wefa - una Spa internazionale di studi e consulenza econometrica) ha prodotto, sulla base di un modello econometrico e dell'economia mondiale e delle economie dei Paesi più significativi, ogni mese stime dell'andamento, nell'arco dei due anni successivi, degli aggregati economici (Pil, occupazione, saldi di finanza pubblica e dei conti con l'estero) di un grande numero di Paesi, nonché dell'economia mondiale. La sezione conclusiva di ciascuna scheda Paese (e a maggior ragione l'ultimo capitolo del documento) è appropriatamente intitolato: "Rischi di previsione". In essa si illustrano, dapprima con una narrativa qualitativa e, successivamente, con il calcolo delle probabilità applicato alle variabili i cui valori di stima appaiono meno robusti, le difficoltà di previsione e le probabilità che i risultati attesi siano migliori o peggiori di quelli presentati nella "stima di base". Analisi analoghe vengono prodotte dai modelli dell'economia internazionale di Nazioni unite, Ocse e Commissione europea.

A volte, nella documentazione italiana di politica economica (segnatamente nel Def) vengono presentate analisi simili, specialmente quando alcune componenti (ad esempio, il tasso di investimento od il tasso di inflazione) dipendono in misura critica da variabili sulle quali il Governo (che prepara e presenta il documento) non ha alcun controllo o può incidere solo in misura limitata. L'analisi di rischio viene impiegata, ad esempio, anche per contribuire ad individuare soluzioni in materia di temi e problemi economici di rilevanza internazionale quale il cambiamento globale di clima.

La tecnica più semplice di analisi di rischio è l'"analisi di reattività", chiamata in alcuni testi, con un brutto anglicismo, "analisi di sensibilità". Come dice eloquentemente il termine, l'"analisi di reattività" studia come gli obiettivi da conseguire o i risultati attesi (ad esempio, la crescita del Pil, l'inflazione, il saldo di conti pubblici e/o dei conti con l'estero) "reagiscono" alla modifica dei valori di alcune variabili (ad esempio, tasso di risparmio e di investimento, rinnovi dei contratti collettivi di lavoro, andamento delle entrate, valore dell'euro rispetto al dollaro Usa, alla sterlina ed alle principali monete asiatiche). L'"analisi di reattività" non fornisce unicamente informazioni utili sulla robustezza delle stime in materia di obiettivi da conseguire e di risultati attesi, ma anche e soprattutto dati sulle variabili a cui dirigenti e funzionari della Pa (soprattutto se nel ruolo di collaborazione con l'alta amministrazione e gli organi politici) devono indirizzare l'attenzione. Ad esempio, se inflazione e saldi dei conti pubblici appaiono molto "reattivi" ai rinnovi della contrattazione collettiva, è a questa tematica che occorre rivolgere, d'intesa con le parti sociali, i maggiori sforzi perché gli obiettivi vengano conseguiti e i risultati realizzati. Se, invece, l'analisi di reattività rivela che l'andamento dell'economia reale e, quindi, delle entrate è molto reattivo al valore internazionale dell'euro, ciò deve diventare un elemento importante dell'azione dei rappresentati dell'Italia in seno alla Bce perché lavorino al fine di una politica Bce appropriata, nonché dei rappresentanti dell'Italia in seno agli organismi internazionali di cooperazione monetaria perché operino con lo stesso scopo.

Per gli interventi in ambito pubblico, sin dall'inizio degli Anni Ottanta le normative anche italiane (oltre che comunitarie) che si sono succedute richiedono che venga effettuata un'"analisi di rischio". Di norma, si conduce un'analisi di reattività molto semplice: il flusso dei costi viene aumentato del 10%, 15% e 20% per ciascun anno della vita del progetto ed il flusso dei benefici viene diminuito rispettivamente del 10%, 15% e 20% (sempre per ciascun anno della stima del progetto). Tale analisi consente di esprimere un giudizio sulla robustezza degli indicatori di valore progettuale (quali il Van ed il Sir esaminati nel capitolo 3). È, quindi, utile a coloro coinvolti, più o meno direttamente, in decisioni sul progetto. Sarebbe, più utile, però, se, con un processo iterativo, consulenti ed esperti non lavorassero unicamente o principalmente sul flusso aggregato dei costi e dei benefici (come di solito fanno) ma anche e soprattutto sulle principali componenti (e di costo e di benefici) al fine di individuare quelle nei cui confronti gli indicatori di valore progettuale sono maggiormente reattivi. Ad esempio, in un progetto industriale gli indicatori di valore progettuale possono essere molto reattivi ai costi degli acquisti di beni e servizi per l'operatività degli impianti: ciò può comportare l'esigenza di prevedere formazione specifica per gli addetti a tale funzione, nonché la definizione di appropriata procedura di gara. Gli indicatori possono essere, invece, molto reattivi al costo del lavoro. La sezione sull'analisi del rischio è comunque ben esplorata anche nella recente Guida per la valutazione dei grandi progetti predisposta dalla Commissione europea per il periodo di programmazione 2014-2020.

Quando si è alle prese con politiche di spesa e con operazioni di grandi dimensioni o comunque percepiti ad elevato grado di rischio, è utile una tecnica di simulazione statistica conosciuta come "simulazione di Montecarlo" (applicato frequentemente da istituti che finanziano progetti infrastrutturali ed industriali in Italia ma anche da imprese a partecipazione pubblica, come la

Sace, che assicurano gli investimenti italiani all'estero). La tecnica consiste nel simulare le combinazioni di eventi a ciascuno dei quali si è assegnata una distribuzione di probabilità. Si giunge così ad una determinazione di una distribuzione di probabilità per gli indicatori di valore progettuale, sulla cui base gli organi decisionali possono decidere se finanziare o meno l'intervento, nella consapevolezza che sulla base delle ipotesi fatte, l'investimento ha una data probabilità di realizzare un Sir inferiore al Sss e un Van negativo, e una differente probabilità di realizzare invece un Sir superiore al Sss e un Van positivo. Come si è visto al capitolo 3, se il Van è negativo o se il Sir è inferiore al Sss, il progetto non deve essere accettato e occorre riformularlo.

I passaggi essenziali sono i seguenti:

a) Identificazione delle variabili da utilizzare nell'analisi. È una scelta soggettiva da parte di coloro che elaborano e/o valutano il progetto sulla base della loro esperienza professionale. Il numero delle variabili viene scelto in funzione del ruolo che esse hanno nella struttura dei costi e dei benefici del progetto e del rischio relativo alle stime delle loro quantità e prezzi. Di solito è sufficiente individuare tre o quattro variabili particolarmente critiche al successo dell'operazione di spesa in termini di conseguimento di obiettivi e di risultati.

b) Determinazione delle distribuzioni di probabilità. Una volta identificate le variabili, si attribuiscono loro le distribuzioni di probabilità che corrispondono meglio alle possibili variazioni dei prezzi e delle quantità di ciascuna variabile. Si utilizzano le distribuzioni tradizionali del calcolo delle probabilità. Ancora una volta, la scelta è assai soggettiva e rispecchia il giudizio professionale di coloro che compiono l'analisi e le informazioni di cui dispongono.

c) Determinazione dell'ampiezza del campione di simulazione. Con ciò si intende stabilire quante volte ripetere, con l'ausilio di un calcolatore elettronico, il calcolo del Van e/o del Sir del progetto, Si tratta essenzialmente di un problema statistico la cui soluzione varia a seconda che si esamini: i) la deviazione media e standard della distribuzione; ii) la curva di distribuzione; iii) la probabilità che il progetto abbia un Sir e/o un Van minimo predeterminato.

d) Analisi dei risultati. Una volta identificata la distribuzione di probabilità (e presentata graficamente), si utilizzano tabelle e grafici per formulare giudizi sul grado in cui rischi relativi a variabili e parametri specifici si traducano in rischi relativi alla accettabilità del Van e/o del Sir del progetto. Sulla base di questi giudizi si esaminano misure da prendersi nei confronti degli aspetti tecnici, istituzionali ed organizzativi, delle variabili, al fine di minimizzarne i rischi ed in ultima istanza, si decide se realizzare o meno il progetto.

Rappresentanti politici, dirigenti e funzionari della Pa hanno un ruolo chiave nell'analisi di rischio in quanto in ciascuno dei passaggi esaminati occorre fare riferimento non solamente ad elementi tecnico-statistici (quali il calcolo di probabilità e la "simulazione di Montecarlo") ma anche ad apprezzamenti che sovente si acquistano solo con l'esperienza di vita amministrativa, con la conoscenza del settore o del territorio e con la contezza dei comportamenti più probabili dei vari *stakeholder.* L'ultimo passaggio, in particolare, richiede discussioni e dibattiti con gli *stakeholder*, un'efficace opera di comunicazione e con essi e con i responsabili decisionali (come si vedrà al capitolo 7).

Nel chiudere, è utile ricordare che "la simulazione di Montecarlo" è ormai entrata tra le prassi delle valutazioni di grandi progetti di investimento pubblico o privato (e specialmente in quelle in cui si fa ricordo alla finanza di progetto), non si conoscono documenti di politica economica italiani (vedi capitolo 2) o studi in cui tale tecnica venga applicata all'esame di politiche. Ciò avviene in altri Paesi. Ad esempio, la Banca centrale del Canada (con il supporto dell'Università di Montréal) hanno prodotto "simulazioni di Montecarlo" per studiare i rischi connessi con gli squilibri mondiali delle bilance dei pagamenti (in una fase in cui le Banche centrali e gli investitori asiatici sono diventati meno propensi ad acquistare titoli di Stato Usa, e contribuire così a finanziarie il disavanzo della bilancia delle partite correnti americane). Altro esempio, il Governo della Repubblica federale di Nigeria ha pubblicato "simulazioni di Montecarlo" relative ai rischi connessi a politiche di bilancio alternative (e/o complementari) sulla base di una vasta gamma di ipotesi relativi ai proventi futuri dalla rendita petrolifera. Tanto nel caso dell'esercizio condotto in Canada quanto di quello effettuato in Nigeria non si è trattato di un'applicazione meramente tecnica o meccanica della procedura; le "simulazioni di Montecarlo" sono state, dapprima, impostate e, successivamente, discusse con i rappresentati dei principali *stakeholder*: dirigenti della Banca centrale e dei Ministeri economici (nonché delle parti sociali) nel caso del Canada; esponenti del Governo, del Parlamento e delle compagnie petrolifere in quello della Nigeria.

5.3 La valutazione dell'incertezza - Lineamenti generali

Quanto si è visto al termine del paragrafo precedente ci conduce all'analisi dell'incertezza come attività che non può e non deve essere effettuata unicamente dal valutatore, ipoteticamente "neutro" ed imparziale rispetto alla decisione di spesa. Tale valutazione viene effettuata, per il rischio, in interazione tra vari soggetti in pieno riconoscimento della soggettività e delle differenze di punto di vista di ciascun *stakeholder*. Ciò è, a maggior ragione necessario, per l'incertezza poiché si tratta di scavare nelle opportunità (positive e negative) che l'incertezza (derivante dalla modifica di situazioni, ossia di stati della natura) offre a ciascuna parte in causa (gli *stakeholder*).

A questo fine, si deve tenere conto non solo della disciplina economica, e degli aspetti quantitativi di tale disciplina, ma anche di altre discipline: in primo luogo la sociologia, la scienza dell'organizzazione ed il diritto. Il ruolo del "valutatore" diventa quello del facilitatore tra i vari *stakeholder*. Non più quello di "giudice terzo" sull'operazione di spesa e sulle decisioni ad essa pertinenti.

Spesso, il politico, il dirigente ed il funzionario della Pa hanno proprio questa funzione di facilitatori, specialmente se l'incertezza riguarda una politica di spesa con un forte contenuto settoriale o territoriale in cui gli *stakeholder* si conoscono a vicenda e conoscono e rispettano il politico, il dirigente ed il funzionario nel suo ruolo di facilitatore.

In via generale, la valutazione dell'incertezza fa ricorso ad una strumentazione da decenni in uso nei mercati finanziari: le "opzioni", ossia la facoltà, non l'obbligo, di acquistare (una "opzione *call*") o di vendere (una "opzione *put*") una merce od uno servizio disponibile in futuro a condizioni prestabilite e definite spesso con largo anticipo rispetto al verificarsi di una transazione, i cui tratti ed il cui contesto sono, quindi, incerti. A loro volta, infatti, le "opzioni finanziarie" si basano su una teoria giuridica: quella della "incompletezza dei contratti", ossia l'impossibilità di incorporare in un contratto tutti i possibili eventi futuri ad esso (ed alle parti in causa, gli *stakeholder*) potenzialmente afferenti. Dove un contratto è incompleto, c'è incertezza. Dato che tutti i contratti sono incompleti, l'incertezza condivide le caratteristiche di base di quelli che in economia sono chiamati "beni pubblici": è non divisibile e non esclusiva (e, quindi, non rivale di altri beni in quanto non in concorrenza con essi). Tuttavia, l'incertezza ha anche un'altra dimensione: rappresenta opportunità dinamica per chi sa utilizzarla, per chi sa coglierla tempestivamente. In economia, così come il "costo opportunità" rappresenta il valore di rinuncia ad un bene o a un servizio, "opportunismo" vuol dire sapere utilizzare al meglio le aree di incertezza presenti in tutti i rapporti contrattuali tra parti, o *stakeholder*. Ha, quindi, una valenza positiva in quanto facoltà e capacità di trarre vantaggio da una situazione, facoltà e capacità tanto maggiori se la situazione è caratterizzata da incertezza. Ne *La coscienza di Zeno* di Italo Svevo, romanzo che molti hanno letto o anche studiato alle scuole secondarie superiori, il protagonista diventa ricchissimo proprio perché con una serie di contratti a termine sa cogliere le opportunità offerte dalla Borsa merci di Trieste nei comparti delle derrate

e di alcune materie prime, proprio i comparti dove l'andamento
dei prezzi e la puntualità delle consegne era soggetto ad incertezza. Zeno aveva il fiuto per utilizzare l'incertezza ai propri fini
sfruttando "la freccia del tempo" (altro concetto dell'economia
e della finanza), ossia sapere sino a quanto attendere (e raccogliere informazioni pertinenti prima di concludere il contratto a
termine). Non sa invece né cogliere opportunità né utilizzare "la
freccia del tempo" il *Don Giovanni* di Da Ponte-Mozart: il protagonista finisce, infatti, all'inferno, dopo una sfida quanto mai
incerta alla statua del Commendatore, senza cogliere nessuna
"opzione" a lui presentata (da Donna Anna, da Donna Elvira, da
Zerlina) di avventure sentimental-sessuali. Nell'anonima commedia rinascimentale *La venexiana*, Julio, studente bello e giovane
della Università di Padova, si reca a Venezia per "experimentar"
con ragazze (ossia per utilizzare la finestra di opportunità esistente
nella città lagunare mentre a Padova vige un forte controllo paren-
tale sulle fanciulle); impiega male le "opzioni" a lui disponibili e
finisce lui stesso oggetto di "experimentazione" da parte di donne
mature. Una decina di anni fa, tre importanti festival di musica
lirica (Bayreuth e Aix-en-Provence/Salisburgo) hanno annunciato
due edizioni distinte ma molto attese della tetralogia nibelungica
di Richard Wagner; dato che la richiesta di biglietti era pari a dieci
volta la capacità di contenere spettatori, Bayreuth la ha soddisfatto
facendo ricorso a sorteggio, mentre Aix-en-Provence e Salisburgo
hanno venduto "opzioni *call*" (ossia facoltà di acquistare biglietti
per spettacoli che si sarebbero tenuti quattro anni dopo l'acquisto
dell'"opzione"). Sotto il profilo finanziario, il sorteggio è, per il
gestore del festival, meno conveniente della vendita delle "opzioni" in quanto nel secondo caso il gestore incamera comunque le
"opzioni *call*". Sotto quello economico, la vendita delle "opzioni"
attiva un mercato secondario che consente agli altri *stakeholder* di
meglio modulare la loro domanda di biglietti.

L'analisi dell'incertezza, quindi, comporta l'attenzione più che
sulle quantità e sui valori/prezzi medi di beni e servizi sui "titoli"
che gli *stakeholder* hanno sui beni e sui servizi: fa differenza esse-

re proprietario del Rolex che si porta al polso, averlo noleggiato, averlo avuto in prestito. Fa anche differenza averlo acquistato o averlo avuto in eredità (al valore commerciale si aggiunge quello affettivo). Di converso, ciascun titolo ha un'attività reale ad esso sottostante (nel caso specifico il Rolex al polso). A ciascun di questi differenti "titoli" corrisponde una gamma di possibili azioni anche esse differenti (le "opzioni") ed uno stock di ricchezza (distinto da un flusso di cassa quale quello discusso al capitolo 3) differente. Esercitarne una – venduto il Rolex o reso a chi ce lo aveva imprestato o noleggiato – non si possono esercitare le altre: si è, in gergo, "bruciata l'opzione". Tutte queste "opzioni", frequenti nella vita corrente di ciascuno, vengono esercitate in un contesto di incertezza e comportano un nesso, un legame, tra gli *stakeholder*.

Nella valutazione economica di un'operazione di spesa (tanto relativa ad una intera politica quanto relativa ad un singolo intervento), infatti, vari soggetti, gli *stakeholder*, sono legati tra loro in una rete di contratti (tutti incompleti e contingenti) in quanto finalizzati a quella che possiamo chiamare la intrapresa (arricchirsi alla Borsa merci di Trieste, conquistare ragazze veneziane, avere figli). La somma totale del valore di questi contratti, e dei titoli che in base ad essi hanno gli *stakeholder*, viene chiamata "ricchezza contingente" (ossia lo stock di ricchezza che gli *stakeholder* hanno in quel particolare momento e sulla base della particolare rete di contratti incompleti, della incertezza ad essi afferente e dall'"opportunismo" nell'utilizzare la finestra di opportunità offerta dalla specifica operazione di spesa). Un esempio di "ricchezza contingente" è la "ricchezza previdenziale" di cui ha titolo ciascuno di noi: essa dipende da quando vorremo e potremo andare in pensione, da quanti anni vivremo da pensionati, da quali saranno le decisioni di Governi e di Parlamenti in futuro, di quale sarà l'andamento dell'inflazione, della produttività, dei salari e degli stipendi reali, da quale sarà l'andamento dei mercati (per eventuali pensioni integrative a capitalizzazione). In ciascun momento, la nostra stima della nostra "ricchezza previdenziale"

contingente" varia a seconda delle informazioni che abbiamo su
questi ed altri elementi ("freccia del tempo") tutti molto incerti
(dalla durata della vita alle misure legislative all'andamento dei
mercati).

Questo aspetto è trascurato dalla metodica tradizionale
dell'Acb che fa perno (come si è visto nei capitoli precedenti)
sull'attualizzazione dei flussi di cassa e non tiene conto della "ricchezza contingente" o, in molti casi, della riduzione o perdita di
"ricchezza contingente" derivante dal seguire un corso di azione
(ed una serie di opportunità) piuttosto che un altro (e le opportunità ad esso relative). Per tornare all'esempio precedente, se si
decide (sulla base di una serie di informazioni sulla cui base abbiamo calcolato la nostra "ricchezza contingente"), di andare in
pensione di anzianità relativamente giovani, tale "ricchezza contingente" può essere drasticamente ridotta da morte prematura (o
aumentata da vita molto più lunga delle medie utilizzate per il
calcolo dei vari parametri del sistema previdenziale); viene anche
drasticamente ridotta se Governo e Parlamento (come hanno già
fatto sette volte negli ultimi cinque lustri) decidono di modificare
le tecniche di indicizzazione per le pensioni in essere e/o se c'è un
forte andamento della produttività incorporato nei salari e stipendi
reali ma non nei trattamenti previdenziali.

Nel concludere questo paragrafo, è utile riferirsi ancora una
volta al capitolo 1 di questa *Guida operativa*. Allora si è visto
come dagli Anni Trenta agli Anni Settanta, i programmi ed i progetti di intervento pubblico venivano valutati facendo ricorso alla
teoria del capitale in quanto riguardavano di massima spese in
conto capitale: i concetti di Sir e Van visti nei capitoli precedenti provengono dalla teoria del capitale quale sistematizzata negli
Anni Trenta e Quaranta. La revisione effettuata dell'Acb negli
Anni Settanta ha portato a considerare i programmi ed i progetti
di intervento pubblico (ed anche la spesa di parte corrente) come
strumenti di politica economica, pertinenti, quindi, alla spesa di
parte corrente; il riferimento teorico-concettuale, quindi, è diventato quel ramo dell'economia pubblica chiamato "economia del

benessere" poiché studia il benessere di una collettività o di una società. La revisione, però, non ha comportato l'abbandono della teoria del capitale; infatti, concetti come Sir e Van sono rimasti centrali alla valutazione di politiche, di piani, di programmi e di singoli interventi. La nuova frontiera della valutazione consiste nel vedere il programma e l'intervento non solo come spesa in conto capitale (da esaminarsi con la strumentazione derivante dalla teoria del capitale), non soltanto come strumento di politica economica (da valutarsi con la strumentazione derivante dall'economia del benessere) ma anche come "finestra di opportunità" per la politica economica che, a ragione dell'incertezza che contraddistingue tutte le intraprese, apre o chiude altre opportunità (positive e negative) per tutti coloro che, coinvolti nella intrapresa in questione, cercano, opportunisticamente, di coglierle. In sintesi, la nuova frontiera della valutazione non toglie nulla agli sforzi teorici, ai metodi, alle tecniche, alle procedure ed alle prassi in vigore ormai da anni. Estende all'incertezza, ed alle "opzioni" ad essa pertinenti, l'Acb. Aggiunge, quindi, una nuova dimensione, particolarmente adatta ad un'epoca in cui l'incertezza è diventata una caratteristica a ragione della quale si possono guadagnare o perdere opportunità. Ciò vuol dire che il Sir ed il Van finanziari ed economico, calcolati secondo le procedure ormai standardizzate dall'inizio degli Anni Settanta, devono essere affiancati dal computo di indicatori "estesi" derivanti dalla considerazione delle "opzioni reali".

5.4 Il metodo e le principali tecniche per la valutazione dell'incertezza

L'Acb presentata nei capitoli precedenti di questa *Guida operativa* ed entrata nella prassi delle istituzioni internazionali e delle amministrazioni italiane, è basata sulla tecnica dei flussi di cassa attualizzati e degli indicatori sintetici di valore progettuale come il Sir ed il Van. Tale tecnica – come si è visto – prende l'avvio da un ventaglio molto ampio di scenari ma, tramite un processo di spogli successivi (e relative analisi), in ultima istanza, comprime in un singolo scenario le informazioni disponibili sulla politica, sul programma o sul progetto.

Esso, inoltre, tiene conto del rischio (attraverso l'analisi di reattività o la costruzione di distribuzioni di probabilità, e l'applicazione di procedure quali la "simulazione di Montecarlo"). Non considera, però, l'incertezza ed i suoi aspetti dinamici, ossia la creazione o distruzione di opportunità alternative attivata proprio dall'operazione di spesa. Alcuni anni fa il settimanale *Business Week* esprimeva efficacemente il problema: "Concentrando tutto in un singolo scenario, il Van non tiene conto dell'abilità dei manager di reagire alle nuove circostanze - per esempio, spendere un po' subito, vedere come si sviluppano le cose, poi cancellare o andare avanti a tutta velocità". L'enfasi sull'abilità del manager sottolinea come la valutazione dell'incertezza, e dei suoi aspetti dinamici (di creazione e distruzioni di opportunità), sia compito precipuo del manager privato e pubblico, specialmente se coinvolto in decisioni afferenti a decisioni di spesa. La valutazione delle opzioni reali presenta quindi un complemento essenziale della valutazione insita nella Acb tradizionale che è comunque intrinsecamente "soggettiva" (in quanto fondata sulla visione e sul giudizio probabilistico del "valutatore") anche quando in analisi economica si cerca di ricavare una Fbs per la collettività da impiegare per la stima dei parametri nazionali e dei prezzi ombra quali esaminati dei capitoli precedenti di questa *Guida operativa*.

La teoria delle "opzioni reali" è frutto di un filone di ricerca che inizia dalla fine degli Anni Settanta, si sviluppa negli Anni Ottanta, ed ha un grande rigoglio scientifico e professionale nel corso degli Anni Novanta. Diventa argomento centrale della riunione scientifica dell'*European Evaluation Society* tenuta a Berlino nel 2004. Dal 2003 è argomento di letteratura scientifica italiana, e in italiano, nonché di sperimentazione anche nel nostro Paese. È gradualmente diventata non solo una tecnica di valutazione ma soprattutto un vero e proprio nuovo modo di pensare e di concepire i processi decisionali e valutativi relativi alle scelte di spesa pubblica in generale e di investimento pubblico in particolare. Ha il potenziale di diventare un nuovo modo di pensare per la dirigenza pubblica e privata che, in decisioni di ogni genere, opera in condizioni di incertezza. In sintesi, la spesa iniziale di una operazione (ad esempio l'investimento) viene vista come il prezzo di un contratto aleatorio, che presenta tante opportunità di guadagno quante sono le "opzioni" delle diverse alternative di sviluppo dell'operazione; sulla base di tali considerazioni il valore dell'operazione viene a dipendere anche da una componente legata al valore delle "opzioni" e dalla interazione tra differenti "opzioni reali" pertinenti alla stessa operazione di spesa, dando, quindi, vita al concetto di "opzioni composte" accennato nel paragrafo precedente.

In sintesi, andando dalla teoria al metodo ed alla tecnica, l'applicazione delle "opzioni reali" alla Acb rispetta la logica tradizionale e parte da quest'ultima per introdurre il concetto di Acb estesa (Acbes) che comporta il calcolo di indicatori come il "Van esteso" o Vanes, confrontando, come nel caso della Acb e della stima del Van, le due situazioni "senza l'intervento" e "con l'intervento", ma tenendo conto, per entrambe, non solo dei flussi di cassa relativi, ma anche delle "opzioni" caratteristiche di ciascuna condizione e della pertinente "ricchezza contingente". In termini schematici, il Vanes può quindi essere indicato dalla seguente espressione:

Vanes = (Valore atteso del cash flow attualizzato "con l'intervento" + Valore delle opzioni esistenti con l'intervento) – (Valore atteso del cash flow attualizzato senza il progetto +Valore delle opzioni esistenti senza l'intervento)

L'espressione può essere scritta più semplicemente come:

Vanes = E(Van) + Valore opzioni create dall'intervento – Valore opzioni distrutte dall'intervento.

dove E(Van) indica il valore atteso (la speranza matematica) del Van.

Tra le opzioni esistenti nella situazione "senza", almeno una viene esercitata, ossia "distrutta", con la realizzazione dell'intervento. Nella situazione "senza", infatti, l'intervento rappresenta un'"opzione" che può essere o meno esercitata, a seconda che esso venga o meno adottato. L'esercizio di questa "opzione" coincide con l'adozione dell'intervento che ad essa sostituisce il proprio flusso di cassa attualizzato e il valore delle nuove "opzioni" da esso create.

In analogia alle opzioni finanziarie, l'intervento costituisce, nella situazione "senza intervento", un'opzione di tipo *call*, perché esso dà il diritto, a un prezzo d'esercizio prestabilito, costituito dal costo d'investimento, di accedere a un cespite "sottostante" (così come la *call* dà il diritto di acquisire un titolo). Tale cespite è costituito, oltre che dal Van, dal valore totale netto risultante dalle altre opzioni create o distrutte dal progetto stesso. Sia il valore atteso del Van, sia quello delle opzioni create o distrutte, non sono costanti, ma variano stocasticamente, ossia in base ad una distribuzione di probabilità, di periodo in periodo. Inoltre, anche alla data di scadenza, il valore del Van del progetto sarà un valore atteso e non un Van definitivo (lo stesso avviene peraltro con il titolo finanziario cui sia stata esercitata la *call*). Se ipotizziamo che l'intervento possa essere intrapreso in qualunque momento, entro un certo arco di tempo, esso costituisce, nel lessico degli specialisti della materia, un'"opzione americana", mentre si parla di "opzione europea" quando la decisione di esercitare l'opzione può essere presa solo alla sua scadenza. Il suo valore dipenderà, in ogni momento, dal valore che il mercato dei capitali attribuisce alle opportunità di guadagno legate alla possibile evoluzione del Van e del valore delle altre "opzioni" ad esso associate fino alla scadenza.

Nella situazione "senza", l'intervento costituisce una *call* il cui valore, alla scadenza, è pari al valore atteso (a quella data) del Van se questo è maggiore di zero, ed è uguale a zero altrimenti.

Ossia, se si dovesse vendere il diritto di intraprendere il progetto nel momento in cui tale diritto scade, per cui il compratore dovrebbe necessariamente intraprendere il progetto, tale diritto avrebbe un valore pari al valore atteso del Van a quella data o a zero, a seconda di quale dei due fosse, al momento dello scambio, il valore maggiore. Il valore dell'"opzione" alla scadenza è formato da due elementi: i) uno probabilistico, costituito dal valore atteso dei benefici netti del progetto; ii) uno deterministico, dato dal valore dell'investimento. Il valore dell'"opzione" oggi, d'altra parte, dipende non solo dal suo valore alla data di scadenza, ma anche da quello relativo a tutte le date intermedie.

I punti da sottolineare sono quattro.

In primo luogo, la distribuzione dei benefici netti attesi, non è simmetrica poiché l'"opzione" assume valori sempre maggiori man mano che il valore atteso del flusso di cassa aumenta, mentre il suo valore non decresce al di là dello lo zero, nel caso di revisione verso il basso dello stesso valore. Nel caso del Van, infatti, la distribuzione è implicitamente simmetrica, a meno che non venga svolta un'analisi per scenari; anche in questo caso, si pone il problema di trovare un tasso di attualizzazione tale da tener conto del rischio, che si applichi a tutti gli scenari. La tecnica che combina il Van con il valore di opzione (il Van esteso o Vanes), viceversa, consente di trattare in maniera soddisfacente l'asimmetria della distribuzione.

In secondo luogo, il Van e il Vanes differiscono in maniera sostanziale nel loro trattamento del tempo. Il Van, infatti, può essere considerato un caso particolare del Vanes, quando le "opzioni" associate al progetto scadono immediatamente. Ciò significa che il Van non tiene conto della possibilità di differire alcune decisioni cruciali, quali, in particolare, quella relativa alla espansione di capacità e quella relativa all'utilizzazione della capacità creata con il progetto.

In terzo luogo, un'"opzione" che permette di differire tutte, o una parte, delle decisioni relative a un investimento per un certo periodo, ha un valore atteso maggiore di un intervento in cui tutto deve essere deciso. Poiché le decisioni relative alla capacità (ad esempio, una strada con o senza un secondo tunnel) possono essere differite, e quelle relative all'esercizio possono essere cambiate nel tempo, in risposta all'acquisizione di informazioni aggiornate sulla domanda e su altre variabili, l'intervento ha un valore maggiore di quanto possa essere riflesso nel Van.

In quarto luogo, nel calcolare i valori delle differenti "opzioni", è necessario confrontare il valore dell'informazione acquisita con il passare del tempo, con i redditi perduti a causa del differimento della decisione (di espandere la capacità, o di espandere o contrarre l'intrapresa).

Nel concludere questo paragrafo, è utile ricordare che sono cinque le "opzioni" più significative e che meritano di essere tenute in conto della Abces e nel calcolo del Vanes: i) differimento; ii) espansione; iii) abbandono; iv) sospensione; v) contrazione. Le prime due sono "opzioni" di tipo *call* in quanto si riferiscono alla facoltà o al titolo di ritardare l'inizio di un'operazione di spesa oppure ad espandere i suoi obiettivi e contenuti ad una data successiva. Le altre tre sono "opzioni" di tipo *put* poiché si riferiscono alla facoltà od al titolo di terminare l'operazione anzitempo (e prima che sia completata), di sospenderla (spesso per ottenere nuove informazioni effettuando analisi più approfondite) o di ridurne obiettivi e componenti. Se si tiene conto delle "opzioni", lo sviluppo di una politica di spesa, di un programma, di un progetto non si svolge secondo un ciclo di stadi ben definiti come codificato dalla Banca mondiale negli Anni Sessanta e recepito dalla Commissione europea nelle direttive e guide applicative per le analisi attinenti ai Fondi strutturali. È, invece, una sequenza, perché durante la sequenza emergono alcune "opzioni" ed altre ne vengono distrutte; dall'interazione delle opzioni che emergono e vengono distrutte nascono "opzioni composte".

5.5 Implicazioni dell'approccio per la valutazione della spesa

Negli obiettivi di questa *Guida operativa*, preme, soprattutto, sottolineare come la valutazione dell'incertezza è essenzialmente un modo di pensare con il quale guidare consulenti ed esperti nel condurre le loro analisi specifiche.

In secondo luogo, la valutazione dell'incertezza comporta: i) un'analisi degli *stakeholder*; ii) un meccanismo decisionale decentrato. Per analisi degli *stakeholder* si intende, innanzitutto, definire il perimetro dei soggetti legittimamente interessanti all'operazione di spesa, delimitando confini che contengano i principali *stakeholder*: è lavoro di norma effettuato da sociologici (e nel caso di programmi e progetti territoriali da geografi). Nell'analisi degli *stakeholder*, quindi, occorre tenere conto che "opzioni" positive per alcuni possono rivelarsi negative per altri. Il processo decisionale decentrato è una conseguenza diretta dell'analisi degli *stakeholder*, del ruolo di questi ultimi e della funzione del "valutatore" come facilitatore non come agente neutro e terzo, come visto al paragrafo 2.

In terzo luogo, ciò vuol dire fare riferimento a discipline sociologiche ed organizzative. In passato, i tentativi di convergenza tra valutazione economica e valutazione sociologico-organizzativa non hanno portato a metodi e tecniche quantitative di analisi. Lo consente ed anzi lo richiede, invece, l'Acbes. Nell'Acbes, tecniche organizzative come lo *Strengths, Weaknesses, Opportunities, and Threats (Swot)* ed il "quadro logico" e la stessa "analisi multicriteri", tecniche, piuttosto che metodi, sociologico-organizzativo come l'analisi degli *stakeholder* sono state utilizzate principalmente per esaminare la coerenza organizzativa dell'operazione di spesa ed i punti di vista degli interessati. Con l'Acbes, invece, Swot e "quadro logico" diventano strumenti per la costruzione di scenari, nonché per un'analisi preliminare delle opportunità da tenere in considerazione; l'analisi degli *stakeholder*, dal canto suo, serve a individuare le caratteristiche dell'operazione di spe-

sa come intrapresa in quanto figura istituzionale-giuridica a se
stante in cui "attività" e "passività" sono le "opportunità" per gli
stakeholder ed oltre al conto economico (ed al pertinente flusso
di cassa) esiste uno stato patrimoniale costituito dalla "ricchezza
contingente").

Nel concludere, è interessante riportare gli esiti di un esperimento effettuato dalle Università del Connecticut e della Penn-
sylvania tra gli studenti dei cicli avanzati di economia e finanza.
L'esperimento (ossia la simulazione dell'individuazione di "opzioni reali" per le principali categorie di *stakeholder* relativamente ad un investimento finanziario) induce a concludere che
gli aspetti operativi della teoria delle "opzioni reali" non sono
necessariamente evidenti neanche a giovani avvezzi ad utilizzare matematica avanzata poiché la maggioranza dei partecipanti
(all'investimento-esperimento) ha investito troppo presto, senza
tenere adeguatamente conto dei benefici connessi all'"opzione"
di attendere. Però quando gli studenti-investitori venivano messi
in concorrenza (ciascuno contro tutti gli altri) per ottenere, in seguito ad una gara, il "titolo" ad investire, le loro offerte incorpora-
vano in generale le "opzioni" tanto *call* quanto *put*; come indicato
dalla teoria, le offerte aumentavano di pari passo con l'incertezza
del futuro flusso di cassa e dalla futura "ricchezza contingente"
attesi dall'investimento. Da questo esperimento, si possono trarre
indicazioni utili, soprattutto sulla tempistica delle decisioni "freccia del tempo" e sul valore dell'incertezza come opportunità.

**5.6 L'Acbes in azione. Alcune lezioni dall'esperienza deri-
vanti da casi concreti italiani**

*5.6.1 Valutare una politica pubblica in termini di "opzioni"
attraverso un'analisi qualitativa sul sistema previdenziale*

Le riforme della previdenza riguardano noi tutti; quindi, il
caso è senza dubbio eloquente e tale da attirare l'interesse dei

lettori di questa *Guida operativa*. I dettagli sono disponibili al sito dell'Associazione Italiana di Valutazione *(www.valutazione. it)* tra i lavori presentati al Congresso scientifico tenuto nel 2005 a Catania.

Il caso di studio mostra soprattutto l'importanza di pensare in termini di "opzioni" anche se non si dispone dei dati e della strumentazione professionale per quantizzarle. Un aspetto essenziale della funzione di dirigenti e funzionari della Pa in qualsiasi modo coinvolti nella valutazione di politiche.

Così come lo sviluppo dello stato sociale (e in particolare della previdenza sociale) sono stati uno dei tratti fondanti delle politiche economiche del 20simo secolo, il riassetto dello stato sociale in generale (e delle pensioni in particolare) sono uno degli aspetti fondamentali di quelle del 21simo secolo. Ad esempio, negli Usa, la trasformazione almeno parziale della *social security* (la "gamba pubblica" dello sgabello previdenziale americano) in "conti pensionistici individuali" è stata posta come tema prioritario dell'azione di governo della seconda Amministrazione Bush; in Gran Bretagna, la *Pension Commission* ha messo in luce la crisi dei fondi pensione a prestazione definita ed il mancato decollo delle *stakeholder pension*, uno dei punti principali del programma dei Governi Blair; in Germania, la coalizione di centro-sinistra, pur fortemente supportata dai sindacati, ha dovuto modificare in misura significativa le prestazioni non solo dei pensionati futuri ma anche di quelli in essere; in Francia, i Governi di centrodestra hanno intaccato in modo consistente quelli che venivano considerati privilegi previdenziali secolari del pubblico impiego; nella Federazione Russa alcuni aspetti dei *benefit* collegati alle pensioni sono stati aboliti nel gennaio 2005, innescando forti tensioni sociali; in Italia, le ultime legislature hanno realizzato il sesto e il settimo atto di una sequenza di riforme della previdenza iniziata nella prima fase degli Anni Novanta.

In breve, l'80% dei 30 Paesi ad alto reddito medio che fanno parte dell'Ocse ed il 75% dei 184 Paesi membri della Banca mondiale sono coinvolti in sequenze, più o meno lunghe o più o meno complesse, di riassetto delle pensioni. Un numero crescente sta adottando, per la "gamba" pubblica dei loro sistemi previdenziali, meccanismi "a contributi definiti" (nel lessico internazionale *Notional defined contribution systems* – Ndcs chiamati *notional* proprio in quanto "nozionali" o convenzionali oppure ancora figurativi, non sorretti da contributivi effettivi come nei meccanismi previdenziali a capitalizzazione) iniziati, in via pionieristica, dall'Italia e dalla Svezia alla metà degli Anni Novanta. I sistemi previdenziali chiamati *Ndcs* sono sistemi "a ripartizione", in cui le prestazioni ai pensionati, quindi, sono finanziate tramite i versamenti dei lavoratori attivi non tramite rendimenti su capitale accumulato; il calcolo delle spettanze non è basato sulle retribuzioni percepite ma sui contributi "nozionali" tramite formule più o meno complesse per computare i versamenti figurativi in un montante in conto capitale, anch'esso figurativo, e trasformarlo, quindi, in rendita annuale invece effettiva. Per questa ragione, i sistemi previdenziali *Ndcs* vengono anche chiamati "a capitalizzazione virtuale" o "simulata". L'Italia e la Svezia sono stati i primi due Paesi ad introdurre sistemi previdenziali pubblici di questa natura. Ora sistemi *Ndcs* sono stati adottati, od in corso di adozione, in una ventina di Paesi.

Le riforme della previdenza coinvolgono l'intera politica economica poiché, nei Paesi ad alto reddito medio, la spesa per lo stato sociale assorbe tra un quarto ed un terzo della spesa pubblica totale; a sua volta, la spesa per la previdenza varia tra la metà ed il 70% della spesa sociale. Dunque, misure che riguardano la spesa previdenziale incidono sia sull'intero andamento della spesa pubblica sia sulla sua allocazione per obiettivi e tra comparti. Anche se nei dibattiti sulle riforme della previdenza l'accento viene posto sulla "sostenibilità" del sistema, sotto il profilo della finanza pubblica, ancora più importanti sono gli aspetti di economia reale – ossia dell'incidenza dei differenti sistemi previdenziali in termini di consumi, risparmi ed investimenti, di ripartizione del reddito tra categorie e generazioni, di costo del lavoro e, quindi, di occupazione e di competitività. Di conseguenza, le riforme delle pensioni sono non solo un tassello ma uno degli elementi centrali delle politiche economiche di questo primo scorcio di 21simo secolo. In breve, esse si presentano come uno dei principali snodi delle politiche economiche. Per decenni, i riformatori hanno utilizzato come un breviario un libro del socio-economista Albert O. Hirschman, intitolato *Come far passare le riforme* (Il Mulino, Bologna 1990) basato su saggi pubblicati all'estero alla fine degli Anni Ottanta. La proposta centrale era di costruire una coalizione di riformatori sulla base di una "valutazione economica condivisa". In effetti, quando Hirschman tracciava la strada per una valutazione economica condivisa si era in quella che si può chiamare l'"età dell'oro" della valutazione e di singoli progetti di intervento pubblico e di politiche. La metodologia, come si è visto nei capitoli precedenti, ipotizzava che Governi e Parlamenti avessero gli strumenti per pilotare le politiche economiche verso obiettivi specifici (la Fbs), per utilizzare l'Acb sociale e per valutare efficienza ed efficacia di risultati dell'intervento. Nel contesto che si è delineato, la "capacitazione" – ossia la capacità potenziale a fruire di "titoli" e di "diritti" - ed il "valore di non uso" – ossia la facoltà di detenere "titoli" ed i "diritti" per utilizzarli in futuro – assumono un ruolo crescente sia della stima del valore sia della creazione di valore. Le pensioni future sono "titoli" il cui valore cambia a ragione di una vasta gamma di determinanti – alcuni (quelli relativi alla "gamba pubblica") sotto il controllo di Governi e Parlamenti, altri (quelli ancorati ad accumulazioni privatistiche individuali o collettive) puramente dipendenti dall'andamento dei mercati. Pure le pensioni in essere sono "titoli" il cui valore varia a ragione e di atti politici e di andamenti economici e finanziari. La "ricchezza previdenziale contingente" di ciascuno è funzione dei "titoli" previdenziali che detiene in un determinato momento e di come li impiega.

In un mercato di "titoli" hanno un ruolo centrale le "opzioni" per le ragioni che si sono viste nei paragrafi precedenti di questo capitolo, specialmente in campi in cui le decisioni (ad esempio

quella di fruire di un pensionamento anticipato) sono irreversi-
bili.

Dato che si tiene conto non soltanto dei costi e dei benefici dei
risultati attesi di una politica ma anche delle "opzioni" sia positive sia negative che essa comporta, è dunque, essenziale definire
con chiarezza sia gli *stakeholder* sia le "opzioni". Di tutte le "opzioni" possibili, almeno una viene distrutta – in gergo "bruciata"
– quando la politica viene attuata o quando la scelta di andare in
pensione viene esercitata dal singolo *stakeholder*. La riforma della previdenza è un'opzione *call* in quanto fornisce al Paese, ad un
costo, il "titolo" a "un sottostante" – i benefici della riforma nonché tutte le "opzioni" ad essa connesse. Il "valore" di ciascuna
opzione dipende, a sua volta, dalla data entro la quale essa deve
essere esercitata e dal percorso per arrivarvi, nonché dal tasso di
attualizzazione e della volatilità dei mercati; a loro volta, queste
ultime variabili dipendono da una vasta gamma di determinanti.
Naturalmente, ciascuna parte in causa (lavoratori attivi suddivisi
per fasce di età, pensionati, imprese, nuove generazioni, e così
via) non soltanto il Paese, ha a che fare con una serie di "opzioni" positive o negative che vengono aperte o "bruciate" dalla
politica di riforma. Per ciascuna parte in causa, il "valore" della
riforma varia a seconda dei "titoli" la cui valutazione aumenta o
diminuisce a ragione delle caratteristiche specifiche della riforma
medesima.

Le "opzioni" prese in considerazione appartengono alle seguenti categorie: i) differimento; ii) espansione; iii) uscita; iv)
sospensione; v) contrazione. Come si è visto, le prime due sono
"opzioni" di tipo *call*: danno "titolo" a ritardare l'inizio della riforma o di espanderne la sua sfera ad una data successiva. Le
altre tre sono di tipo *put*: danno "titolo" ad arrestare la riforma
prima del suo completamento, a sospenderne l'attuazione, a bloc-
carla. Ciascuna di esse comporta un costo: il costo di uscire da
un accordo raggiunto (quello alla base della riforma). In secondo
luogo, l'evoluzione di una politica non è un "ciclo" suddiviso
in "stadi" (o "tappe"), come nelle procedure della Commissione

europea e delle istituzioni finanziarie internazionali, ma una sequenza in cui le varie fasi non hanno soluzione di continuità. Durante la sequenza, varie "opzioni" vengono create o distrutte per i differenti gruppi di *stakeholder*; emergono "opzioni composte" (ossia la distruzione di una o più "opzioni" ne crea di nuove); alcune "opzioni" possono essere esercitate in linea con l'attuazione della riforma, mentre l'esercizio di altre deriva dalle azioni che si sono prese in materia di "opzioni" precedenti. Il segno (positivo o negativo) di ciascuna "opzione" dipende dalla loro tipologia e dall'ordine in cui appaiono nella sequenza, nonché dalla distanza temporale dei "titoli" per esercitarle.

Specialmente in un comparto in cui gli *stakeholder* sono tanto numerosi e tanto influenti (sotto il profilo economico, politico e sociale) e i "titoli" di ciascun gruppo di *stakeholder* sono tanto complessi, la maestria nel "fare riforme" (concepirle, formularle, realizzarle) consiste nel sapere bene individuare e soppesare le varie "opzioni" durante l'intera sequenza e di scegliere il momento migliore per esercitare questa o quella "opzione".

In Italia l'indice di vecchiaia (rapporto tra i giovani fino ai 14 anni e gli ultrasessantacinquenni) è sensibilmente maggiore che nel resto del mondo. I vari istituti previdenziali staccano circa 30 milioni di assegni al mese; il numero totale dei pensionati sfiora i 20 milioni; la differenza dipende dal fatto che molti pensionati percepiscono più di un assegno previdenziale.

Il numero dei pensionati potrebbe balzare in avanti all'improvviso; secondo alcune stime, la "totalizzazione" di spezzoni di contributi versati a vari enti (una misura equitativa prevista dalla riforme del 2004) farà aumentare la cifra assoluta di pensionati di circa 9 milioni, tanti sono coloro chiamati, in gergo, i "silenti" – ossia uomini e donne che hanno avuto una vita lavorativa frammentata tra vari regimi previdenziali e che sino ad ora non avevano i requisiti minimi per avere "titolo" ad una pensione da nessuno degli istituti a cui hanno versato contributi.

Cerchiamo di leggere, in modo stilizzato, le principali riforme della previdenza attuate in Italia negli ultimi lustri (o poco più) con gli occhiali del metodo della valutazione delle politiche in termini di "opzioni reali" a vari gruppi di *stakeholder*. All'inizio degli Anni Novanta sono venuti al pettine i nodi di un sistema previdenziale che a partire dagli anni 1968-69 in poi si caratterizza non solo da un crescente peso sulla finanza pubblica ma anche e soprattutto da profonde ingiustizie, massiccia evasione ed elevata elusione - quindi da profonde differenziazioni delle opzioni che creava per alcune categorie di *stakeholder*, a carico sovente di opzioni negative per altre categorie di *stakeholder*.

Il primo tentativo di riforma prende corpo nel 1992-93 e va sotto il nome di "riforma Amato". Le sue caratteristiche sono: i) innalzamento dell'età di pensionamento e del requisito contributivo per accesso alla pensione di vecchiaia ed all'integrazione al minimo pensionistico; ii) deindicizzazione delle pensioni rispetto alla crescita del tenore di vita reale; iii) modifica del calcolo delle prestazioni - per coloro con meno di 15 anni di versamenti contributivi al momento della riforma (il calcolo viene effettuato sulla base dei redditi di lavoro su tutta la vita lavorativa mentre per gli altri sulla base degli ultimi dieci anni).

La riforma aveva come obiettivo principale quello di frenare la crescita della spesa previdenziale. Nonostante venisse presentata come risolutiva di tutti i nodi del settore, era stata imbastita frettolosamente, nella scia della crisi valutaria dell'estate 1992. Ove fosse stata esaminata con le lenti riassunte in precedenza, ci saremmo accorti che le *liability option* (ossia le "opzioni" negative) venivano poste, nell'immediato, in capo ai lavoratori più deboli – quelli con pochi versamenti che sono incorsi nell'aumento dei requisiti contributivi per la pensione di vecchiaia e per l'integrazione al minimo – e ai pensionati in essere – tramite la modifica del meccanismo di indicizzazione. Nel più lungo termine, le "opzioni" negative venivano poste sulle generazioni più giovani. Invece, ai lavoratori maturi vengono date una varietà di "opzioni" positive sia di tipo *call* (specialmente differimento) sia di tipo *put* (uscita) particolarmente in quanto nelle condizioni di dinamica salariale degli Anni Novanta, il nuovo metodo di calcolo delle prestazioni dava luogo ad un miglioramento non irrilevante rispetto alla situazione di cui avrebbero fruito se non fosse stata varata la riforma. Una "valutazione economica condivisa" avrebbe probabilmente rivelato che la sommatoria algebrica delle varie "opzioni" negative e positive per i differenti gruppi di *stakeholder* non veniva riequilibrata da una maggiore sostenibilità finanziaria (rispetto ad una ipotetica situazione "in assenza di riforma") che avrebbe permesso di indirizzare altre forme di sostegno alle categorie su cui, in termini di *liability options*, più veniva a gravare il costo.

In effetti, poco più di un anno dopo la "riforma Amato", si dovette fare un altro tentativo di riassetto, dirigendo l'intervento principalmente alla modifica di alcuni aspetti delle pensioni di anzianità; ciò avrebbe drasticamente ridotto le "opzioni", soprattutto di tipo *call*, alle categorie di lavoratori maturi con una buona "storia retributiva", che avevano visto aumentare il valore dei loro "titoli" (previdenziali) e della loro "ricchezza contingente" (previdenziale) proprio in virtù della riforma del 1992-93. Il tentativo non ebbe seguito.

Nel 1995 viene effettuata una nuova riforma, la "riforma Dini", a cui ne succede un'altra ancora nel 1996, la "riforma Prodi". Il punto centrale è la modifica del metodo di calcolo per le prestazioni: dalle retribuzioni percepite ai contributi versati. Viene introdotto il sistema *Ndcs*, anzi l'Italia è, con la Svezia, uno dei primi Paesi ad introdurre un meccanismo "contributivo" attualmente – come si è accennato – in via di adozione in un numero crescente di Paesi. Nella configurazione particolare assunta nel quadro italiano, specialmente a ragione di "coefficienti di trasformazione" da modificarsi periodicamente sulla base di vari indicatori (demografici e finanziari), vengono date "opzioni" di espansione (*call*) e di contrazione (*put*) all'operatore politico; lo scettro viene restituito al principe che ne risponde di fronte al popolo sovrano. Vengono anche poste le basi per un'autostabilizzazione graduale, ed in parte, semi-automatica del sistema (in termini di incidenza sul Pil); l'autostabilizzazione (e le "opzioni" ad essa pertinenti) vengono però protratte nel tempo da una lunghissima fase transitoria su cui, tuttavia, l'operatore politico ha l'"opzione" di sospensione ed anche di uscita (accelerandone i tempi) – "opzioni composte" nella sequenza dell'attuazione della riforma.

La posizione dei pensionati in essere e dei lavoratori maturi (e delle "opzioni" loro afferenti) non muta significativamente rispetto alla situazione derivante dalla "riforma Amato". Per i lavoratori dipendenti relativamente giovani, si prospetta un miglioramento di trattamento previdenziale (rispetto alla "riforma Amato") a parità di carriera lavorativa, con la perdita, però, almeno parziale, dell'"opzione" di pensionamento anticipato a cui sommare i redditi di un nuovo lavoro (tramite il meccanismo dei "coefficienti di trasformazione", legati all'aspettativa di vita residua). Cambia, invece, la posizione dei lavoratori autonomi professionali – una categoria in rapidissima espansione anche a ragione delle *liability options* poste dalle rigidità del mercato del lavoro. Ad essi viene estesa la regola generale di calcolo delle prestazioni e un'aliquota di versamento progressivamente crescente sino a oltre un quarto del reddito da lavoro. Nel breve periodo ciò rappresenta un'opportunità di espansione delle entrate (un'"opzione" di tipo *call* per l'Inps); nel medio e lungo periodo, "opzioni" negative e positive dipendono dalla storia contributiva di ciascuno.

La riforma del 2007 è quella che apre la gamma più ampia di "opzioni" sia *call* sia *put* a tutte le parti in cause, gli *stakeholder*, tranne le imprese che vedono anzi potenzialmente distrutta, o severamente limitata, l'opportunità di autofinanziamento facendo ricorso alle somme da accantonarsi per il trattamento di fine rapporto. Gran parte delle "opzioni" per i principali *stakeholder* sono, in un certo senso, "composte" in quanto rese possibili dalla revisione dei meccanismi di calcolo delle prestazioni – da retributivo a contributivo – varata con le riforme della metà degli Anni Novanta. L'iter della riforma del 2004 è stato relativamente lungo proprio in quanto ha comportato una "valutazione economica condivisa" che ha implicitamente analizzato, pur senza quantizzarle, le "opzioni" che creava e distruggeva per gli *stakeholder*; uno dei suoi nodi principali è stato proprio quello delle "opzioni negative" per le imprese. La riforma del 2012, invece, restringe le "opzioni" ed è stata varata nel contesto di una severa crisi finanziaria internazionale.

5.6.2 La ferrovia ad alta velocità (Tav) tra Torino e Lione

Tale *Trans-European Network (Ten)* è da tempo argomento di dibattito tra le forze politiche e sociali, anche molto acceso poiché il collegamento tra il capoluogo della Regione Piemonte e Lione comporta un tunnel transalpino a due tubi che si sviluppa su una lunghezza di 52 chilometri e prosegue per altri 12 chilometri attraverso la galleria di circonvallazione di Bussoleno. La realizzazione del tunnel – è utile ricordarlo – è stata prevista sin da quando è stato allestito il progetto negli Anni Novanta e ne assicura la coerenza globale in quanto parte integrante di un corridoio ferroviario da Lione a Budapest e per raggiungere successivamente Kiev (in gergo l'asse ferroviaria n. 6 delle grandi rete europee *Ten*). Il progetto complessivo è stato presentato dall'Italia alle autorità europee nella legislatura 1996-2001, in particolare dal Governo D'Alema. Era stato preparato con il supporto scientifico della società di ricerche Nomisma. Alla fine del 2003, grazie all'azione della nostra diplomazia economica (i Ministeri degli affari esteri, dell'economia e delle finanze e delle infrastrutture hanno dato prova di stretto ed efficace coordinamento), nonché di analisi economiche effettuate con il metodo delle "opzioni reali" (che tiene conto delle "finestra di opportunità", positive e negative) derivante dal progetto per tutte le parti in causa, la Commissione europea ha inserito il progetto nella *quick list*, l'elenco delle opere inter-europee a cui dare attuazione con priorità. La linea dei Governi italiani è stata perseguita con chiarezza, trasparenza e rigore per oltre tre lustri, quale che fosse il colore politico della maggioranza: senza l'infrastruttura le nostre imprese sarebbero tagliate fuori dalle grandi linee di comunicazione europee con un forte aggravio dei loro costi di transazione (sia per ricevere *input* sia per inviare le merci verso i mercati esteri), con una conseguente caduta di competitività.

In parallelo con l'apertura dei cantieri da ambedue i versanti alpini, sono state attivate proteste, che hanno assunto anche caratteristiche violente, contro la Tav, ed in particolare contro il tunnel a due tubi, in Val di Susa. In Italia, il trasporto su gomma si è diffuso molto più di quello ferroviario a ragione delle inefficienze delle nostre ferrovie, che la Tav (non solo in Val di Susa) intende curare. Analogamente, per decenni gli ambientalisti hanno sottolineato come il trasporto ferroviario sia preferibile a quello su gomma.

Quali che siano le convenienze di breve e medio-lungo periodo degli schieramenti politici occorre chiedersi quali sono gli interessi economici delle imprese, in particolare delle piccole e delle medie imprese (Pmi), i maggiori *stakeholder.* Sono probabilmente quelle maggiormente interessate ai benefici del progetto, anche se necessariamente le Pmi della Val di Susa finirebbero con subire costi indiretti per la durata del cantiere (che potrebbe essere molto lunga – oltre 15 anni) poiché la realizzazione delle opere non potrebbe non creare (unitamente ad un forte aumento dell'occupazione e dei consumi) un notevole sconvolgimento rispetto alla situazione ed alle prassi di lavoro attuali (a ragione tra l'altro dell'afflusso, nella valle, di un vasto numero di lavoratori immigranti). Ciò potrebbe essere compensato con una vasta gamma di incentivi.

Due studi, peraltro pubblicati rispettivamente nel 2003 e nel 2005, utilizzano l'Acbes (con sfumature tecniche leggermente differenti) e dimostrano che la fortissima dipendenza del trasporto delle merci dal modo stradale determina un quasi monopolio che crea un continuo rischio di abuso di posizione dominante e di blocco dei traffici di cui le imprese (principalmente le Pmi) sarebbero quelle a subire i danni maggiori. L'obiettivo del collegamento Tav Torino-Lione è di permettere un miglioramento delle condizioni di viaggio, e di contribuire a riequilibrare il trasporto delle merci a favore della rotaia, tutelando l'ambiente in modo più efficace e più efficiente. Il tunnel italo-francese è progettato proprio per permettere questo servizio. Il suo valore economico-sociale per la collettività può essere adeguatamente apprezzato grazie all'Acbes. I progetti a lunga gestazione, e a rilevante impiego di risorse in un contesto di incertezza, infatti, possono essere adeguatamente valutati solo se si tiene conto, oltre che delle prospettive "medie" di costi e di benefici, anche delle opportunità di guadagno (o di riduzione delle perdite) offerte dalla volatilità delle variabili coinvolte nella costruzione del progetto stesso. Nel caso della Tav Torino-Lione, queste opportunità sono legate alle "opzioni" che diventano disponibili per il fatto che il progetto consente un riequilibrio tra i modi di trasporto, permettendo così di accedere in modo più pieno ai benefici della multi-modalità nei trasporti. Le ragioni per cui la volatilità delle variabili coinvolte è rilevante ai fini della valutazione delle opportunità generate dal progetto è che esse sono molteplici. Anzitutto, come si è detto, la posizione dominante del trasporto su gomma. In secondo luogo, l'incertezza delle implicazioni ambientali della crescita del traffico su strada si traduce in una incredibile gamma di valori delle stime dei possibili danni dell'inquinamento atmosferico e acustico e dell'effetto serra. In terzo luogo, il progetto dà la possibilità agli utenti (specialmente alle Pmi) di diversificare il proprio portafoglio di attività di trasporto, ampliando la gamma delle possibilità di fruizione. Si aprono quindi "opzioni" relative ai tempi di attesa, all'uso del tempo durante il viaggio, e alle combinazioni intermodali, che non sarebbero disponibili senza l'intervento.

5.6.3 La transizione da televisione analogica a televisione digitale terrestre

Il passaggio dalla televisione analogica attualmente prevalentemente in uso alla televisione digitale terrestre (*Digital video broadcasting-Terrestrial, Dvb-T*) nasce dalle opportunità date dalla tecnologia di fare fronte ad una duplice esigenza: da un lato,

riorganizzare l'assetto del sistema televisivo, nei vari Paesi, al
fine di procedere ad una razionalizzazione dell'uso delle frequenze e di garantire un più esteso pluralismo dell'offerta televisiva
di informazione ed intrattenimento; dall'altro, garantire qualità e
pregi della televisione digitale anche a quegli utenti sino ad ora
non coinvolti nella televisione satellitare, ed infine integrare le
tecnologie dell'informazione in senso lato. Quindi, il pluralismo
dell'offerta (anche e soprattutto nel delicato settore dell'informazione) è uno degli obiettivi principali, ove non l'obiettivo prima-
rio, dell'introduzione della *Dvb-T.* Tale obiettivo non potrà essere
raggiunto senza una vastissimo programma di ammodernamento
tecnologico (una vera e propria rivoluzione) delle pubbliche amministrazioni, sia centrali sia regionali sia soprattutto locali e senza un programma di formazione ad esso connesso. In generale,
nei vari Paesi europei la digitalizzazione del segnale televisivo
sta evolvendo con tempi e modalità differenti; tuttavia, ovunque
prevale la scelta del modello di offerta generalizzata e gratuita,
detta in chiaro, per gran parte dei servizi televisivi non interattivi.
Ciò comporta il problema della sostenibilità economica, ovvero,
da un punto di vista istituzionale, della necessità di garantire almeno la copertura dei costi o, comunque, di individuare dei benefici quantificabili dal punto di vista dell'economia del Paese
(al fine di giustificare l'intervento pubblico). Anche in altri lavori
recenti si pone l'accento su questi aspetti.
    L'Italia era caratterizzata da una situazione particolare rispetto
agli altri Paesi europei, innanzi tutto a ragione della concentrazio-
ne dell'offerta dei servizi televisivi in un sistema sostanzialmente
duopolistico. Inoltre, i servizi televisivi assorbono, nel complesso, più della metà dell'investimento pubblicitario destinato a tutti
i media; ciò rende difficile, se non impossibile, contare *a priori*
su ulteriori proventi da pubblicità, per sostenere l'istituzione e la
diffusione della *Dvb-T,* poiché ciò potrebbe porre a repentaglio
la sopravvivenza stessa di altri media, o del pluralismo nel loro
ambito. Infine, l'elevatissima presenza di emittenti locali (oltre
600) ha portato ad una saturazione delle frequenze disponibili.

Ciò pone vincoli sia alla sperimentazione della nuova tecnologia, sia all'attuazione di una transizione graduale tale da mantenere in piedi la tecnologia analogica esistente, fino allo *switch-off*. In definitiva, di fronte alla complessità dei problemi da risolvere, alla dimensione delle risorse da mettere in gioco, e alle possibili ricadute sul sistema industriale, economico e sociale del Paese, i Governi che si sono succeduti negli ultimi dieci anni alla guida dell'Italia hanno avvertito l'esigenza di individuare un percorso di sviluppo sostenibile della *Dvb-T* compatibile con il quadro generale di disponibilità di risorse economiche e finanziarie.

In Italia, il passaggio alle tecnologie digitali nei servizi televisivi via terra consente un miglior utilizzo dei mezzi di trasmissione televisivi e implica, dunque, l'aumento del numero di canali (da quattro a sei volte il numero di quelli esistenti), nonché il miglioramento della qualità audio e video di ricezione. Con la *Dvb-T* è possibile, inoltre, una gestione più flessibile dei programmi trasmessi da parte dei centri di produzione e di diffusione e, quindi, un'offerta personalizzata sulla base delle richieste dell'utente (*Tv on demand*). Ancora, i programmi possono essere arricchiti dall'aggiunta di contenuto multimediale, come, ad esempio, informazioni specifiche sugli autori e sui protagonisti di un certo programma, o sul film in visione. L'aspetto chiave, comunque, è l'interattività, ossia la possibilità di interagire con il centro di diffusione del servizio, inviando le proprie richieste o rispondendo a sollecitazioni. Ciò permette una vasta gamma di applicazioni innovative, che esulano dal campo del puro intrattenimento: dalla telemedicina all'insegnamento a distanza, dall'*e-Government*, tramite la possibilità di utilizzare il proprio televisore per accedere agli uffici della Pa a tutte le forme di commercio elettronico.

La *Dvb-T* rappresenta, dunque, non solo un'innovazione di prodotto, ma anche e soprattutto di processo e, quel che più conta, di sistema, perché configura una piattaforma tecnologica complementare al *personal computer* per l'accesso ai servizi della società dell'informazione; rispetto al *personal computer*, inoltre, la *Dvb-T* ha i vantaggi della comodità della fruizione, della dimestichezza della popolazione in generale con l'apparecchio televisivo e della sua tradizionale semplicità d'uso, nonché della sua enorme diffusione e, infine, dell'abitudine di uomini e donne di tutte le età a trascorrere intere ore di fronte allo schermo televisivo. La *Dvb-T* può incorporare, nel mezzo televisivo, il mondo di internet e quello dei servizi al cittadino; ciò può rendere la piattaforma televisiva terrestre uno strumento utilissimo (ove non quello ideale), nell'attuale contesto, per portare avanti il processo di rinnovamento tecnologico del Paese, anche sulla base delle lezioni già apprese grazie allo sviluppo della telefonia mobile e di internet. Può, così, anche contribuire a ridurre il divario economico-sociale e territoriale nell'accesso alle Ict (di norma chiamato *digital divide*).

L'introduzione della *Dvb-T* rappresenta, infine, un importante strumento di politica economica: il televisore è un bene di consumo durevole, la cui offerta e domanda non vengono necessariamente interessate da particolari andamenti macro-economici di breve periodo. Per accedere ai servizi della *Dvb-T* gli utenti dovranno utilizzare un apposito decoder (*set top box*), per la visione dei programmi, ed in alcuni casi, andranno sostituite le antenne esistenti. In un contesto di crescita economica molto contenuta, se non di tendenze ad una stagnazione, accompagnata da pressioni recessive (quali quelle che caratterizzano l'economia italiana da circa tre lustri), la sostituzione del parco di televisori, o la loro integrazione con *set top box* di vario grado di affinamento tecnologico, può rivelarsi uno strumento significativo di stimolo della domanda e, dunque, di politica economica anti-ciclica.

La crescita dei consumi per l'avvio della *Dvb-T* può essere finanziata da una temporanea riduzione dei risparmi, o da una riduzione di altri consumi; tuttavia, un'adeguata politica di incentivi finalizzata ad orientare i consumi verso la transizione alla *Dvb-T* è in grado di innescare un circolo virtuoso tramite il moltiplicatore industriale e dei consumi, messo in moto dall'espansione straordinaria della spesa.

In primo luogo, la valutazione ha esaminato le implicazioni

economiche per l'economia nazionale, nel breve termine, ossia nella fase che in lessico ingegneristico può essere chiamata "di cantiere". Tale fase è caratterizzata non solo da investimenti in infrastruttura ma anche dal rinnovo del parco esistente di televisori oppure dal suo adattamento, tramite decoder (*set top box*) in grado di rendere lo stock, o gran parte di esso, utilizzabile per la ricezione della *Dvb-T*. Ciò è stato necessario non solamente per valutare gli impatti durante il periodo di messa in opera della transizione da televisione analogica a *Dvb-T*, ma anche per rispondere ad un interrogativo allora urgente di politica economica: se e in che misura, date le scadenze previste dalla normativa approvata dalla XIII legislatura (*switch-off* al 31 dicembre 2006), la legge sul bilancio annuale e pluriennale dello Stato (ossia la "legge finanziaria"), in fase di elaborazione nell'autunno 2003, avesse dovuto prevedere interventi specifici per agevolare la transizione. Si è partiti dalla constatazione che il mercato dei televisori riguarda un bene durevole di consumo, che ha le proprietà specifiche di non essere soggetto a rapida obsolescenza, di avere lunga vita economica, basse spese di manutenzione ed un mercato dell'usato irrilevante. Di conseguenza, il valore dei televisori prodotti nel futuro influenza il valore di quelli prodotti oggi e le famiglie sono indotte ad ampliare il parco televisori ma non a rinnovarlo.

Un'innovazione tecnologica come la *Dvb-T*, e la necessità di disporre almeno di un *set top box*, può modificare il comportamento delle famiglie e la loro spesa per beni di consumo durevole, sia per i televisori, sia per gli altri beni e servizi ad essi collegati. L'analisi evidenzia che il passaggio dalla televisione analogica a quella digitale rappresenta un'opportunità importante. È stato utilizzato un modello econometrico di equilibrio economico generale (relativo principalmente alla fase di cantiere) al fine di quantizzare i *backward linkages* (o effetti di trazione a monte) dell'investimento per la transizione (sia per i trasmettitori sia per i *set top box*). Ciò ha comportato anche un notevole lavoro statistico per espandere la matrice di contabilità sociale (una de-

scrizione analitica dell'economia italiana) calcolata dall'Istat alla
fine degli Anni Novanta per dare maggiore dettaglio ai comparti
delle nuove tecnologie dell'informazione e della comunicazione
e dell'editoria nei suoi vari aspetti. Per raccogliere dati e informazioni sulle imprese coinvolte, la Fub ha organizzato incontri
con rappresentanti delle industrie, anche ai più alti livelli della loro struttura gerarchica, ma un contributo ancora maggiore
all'accuratezza delle stime avrebbe richiesto un'indagine approfondita sui *business plan* delle imprese del settore, allo scopo di
facilitare, non solo l'analisi finanziaria, ma anche le stime degli
impatti economici nella fase di cantiere. La conclusione principale dell'analisi degli effetti di breve periodo è stata che il rinnovo
del parco televisori connesso alla *Dvb-T* può essere strumento
di aumento non inflazionistico della domanda. Esso ha, inoltre,
un alto potenziale di attivazione di capacità produttiva in settori
economici (principalmente quello delle componenti elettroniche)
dove, attualmente, in Italia c'è notevole sotto-utilizzazione degli impianti. Questi aspetti della valutazione, resi disponibili già
nell'autunno 2003, sono stati elemento determinante per indurre
Governo e Parlamento a confermare, con le leggi leggi finanziarie, rispettivamente, 2004 e 2005, gli incentivi per l'acquisto di
set top box interattivi.

In secondo luogo, la valutazione si è rivolta agli aspetti strutturali, specialmente a quelli attinenti alla crescita dello stock di
capitale. Tali aspetti vengono sovente trattati principalmente sotto il profilo qualitativo. Questa volta, invece, sono state effettuate
analisi quantitative utilizzando, in via pionieristica, l'Acb estesa
al trattamento delle "opzioni reali" (ossia delle opportunità), pertinenti alla *Dvb-T.* L'Acbes conferma che la transizione al *Dvb-T*
può dare un contributo importante alla politica industriale dell'I-
talia, tramite la riduzione dei costi di transazione da ottenersi
favorendo il progresso tecnologico, specialmente nell'area delle
Ict. La *Dvb-T* può essere un grimaldello per le *Ict* in diversi campi
dei servizi, sia alle piccole e medie imprese che di quelli, in generale, della pubblica amministrazione, anche nell'interazione tra

quest'ultima ed i cittadini.

Sotto il profilo quantitativo, l'Acb economica tradizionale fornisce indicazioni molto chiare: pur assumendo una curva di adozione estremamente graduale della nuova tecnologia, e includendo unicamente una stima prudenziale del sovrappiù del consumatore nella colonna dei benefici economici, il Sir sfiora il 26%. Ove, tra i benefici, si fosse anche tenuto conto degli effetti esterni, interdipendenze e valori di opzione (elementi specialmente pertinenti in vista del contenuto tecnologico della *Dvb-T* e del suo ruolo nella politica industriale dell'Italia), il Sir sarebbe risultato ancora più elevato. Ciò non avrebbe avuto rilevanza ai fini delle implicazioni dell'analisi economica, in quanto, con un tasso così alto, anche un test di reattività, se basato su ipotesi credibili, concluderebbe a favore dell'accettazione della *Dvb-T* sotto il profilo della desiderabilità e priorità per la collettività nazionale.

In terzo luogo, si è affrontata l'analisi finanziaria, ossia l'analisi costi-ricavi dal punto di vista di una categoria di gran rilievo degli *stakeholder:* le imprese coinvolte nella transizione da televisione analogica a *Dvb-T.* Tali imprese sono una gamma molto vasta: vanno da quelle che formulano ed elaborano contenuti a quelle della elettronica avanzata, da quelle dell'editoria a quelle delle tecnologie delle comunicazioni Per la transizione da televisione analogica a *Dvb-T* si è proceduto all'analisi economica prima che all'analisi finanziaria per due ordini di motivi: i) uno a carattere pratico (l'attesa di dati aziendali rappresentativi da un campione di imprese interessato alla *Dvb-T* o comunque in essa coinvolto); ii) l'utilizzazione di metodi di stima della disponibilità a pagare tramite "valutazioni contingenti", ottenute da un campione di potenziali utenti finali, tali da prescindere dall'analisi dei costi e dei ricavi aziendali. Tale utilizzazione, come già accennato, rappresenta una scorciatoia operativa resa necessaria dal fatto che non erano, o non sono stati resi, disponibili dati migliori.

Nel contempo, l'analisi finanziaria costi ricavi è stata condotta per l'intera filiera del settore. Il risultato generale fornisce un'indicazione di tendenza per l'intera filiera, anche se non permette di specificare vantaggi e svantaggi per le principali categorie della vasta gamma di tipologie di imprese interessate o comunque coinvolte nella *Dvb-T.* Sempre sulla base di ipotesi prudenziali in materia di curva di adozione della nuova tecnologia, il Sir finanziario è un soddisfacente 12%. Tuttavia, tale indicatore è estremamente reattivo alle ipotesi relative all'utilizzazione dei servizi interattivi della *Dvb-T*; tali servizi sono in gran misura in concorrenza con i servizi on-line del *web* e tali da dovere essere forniti dalla Pa a livello locale (municipi, comuni, comunità montane, province) e comportano riorganizzazioni dell'attività amministrativa proprio là dove è più difficile effettuarle (le province, i comuni, i municipi le comunità montane, la Asl ed altre tipologie di autonomie). In aggiunta, nell'Acbes finanziaria estesa alle "opzioni reali", il tasso di rendimento stimato appare fragile: se si introducono ipotesi relative ad una volatilità medio-alta dei mercati finanziari, l'esercizio dell'opzione di differimento (e di ulteriore raccolta di dati, di analisi aggiuntive e di sperimentazioni più approfondita) risulta preferibile a quella di un'attuazione immediata del programma di transizione dalla televisione analogica alla *Dvb-T.*

In quarto luogo, occorre sottolineare che la differenza dei risultati dell'analisi economica rispetto a quelli dell'analisi finanziaria è frequente nella valutazione di investimenti in settori ad alta tecnologia dove, a fronte di benefici consistenti per la collettività, c'è incertezza oggettiva relativa all'ambiente in cui i privati (individui, famiglie e, soprattutto, imprese) si troveranno effettivamente ad operare, ed è di fatto possibile solo fare stime approssimative dei loro gradi soggettivi di avversione al rischio. Tale differenza mette, tuttavia, in luce uno dei problemi cruciali dell'introduzione della *Dvb-T* in Italia. Da un lato, infatti, la sostenibilità finanziaria della nuova tecnologia non appare robusta (al contrario risulta fragile), soprattutto per le incertezze che circondano la sua introduzione ed il grado della sua accettazione e diffusione. Dall'altro, la valutazione dei costi e dei benefici alla società sembra indicare l'opportunità e l'alta probabilità di conseguire benefici netti per la collettività che sono, allo stesso tempo, rilevanti e pressoché certi. È caso frequente in analisi finanziarie ed economiche di beni ad alto contenuto sociale.

In queste condizioni, tenuto conto pure dei benefici sociali aggiuntivi che potrebbero materializzarsi come conseguenza della maggiore diversificazione e diffusione della proprietà delle reti televisive, nonché in quanto il sovrappiù del consumatore avvantaggia specialmente fasce di reddito meno elevate, il combinato disposto (per impiegare il lessico giuridico) della valutazione economica e finanziaria (nonché dell'analisi degli impatti) indica che l'intervento pubblico sembra necessario e, anzi, opportuno. Tale intervento dovrebbe avere come obiettivo quello di ridurre e, in ultima ipotesi, chiudere il divario tra convenienza pubblica e convenienza privata, ossia tra i risultati dell'analisi economica ed i risultati dell'analisi finanziaria. Ciò può essere realizzato attraverso una politica di investimenti pubblici e di regolazione del mercato (anche in materia di *pricing*) che aggiunga agli incentivi forniti dal mercato, pure incentivi tributari e creditizi appropriati.

I risultati prodotti dall'analisi sono stati illustrati e discussi in diverse sedi, sia nazionali che internazionali, specialmente dall'associazione di reti nazionali maggiorente interessate alla *Dvb-T* e dalle associazioni di reti locali (che hanno a lungo percepito la *Dvb-T* come una minaccia alla loro posizione di mercati) – quindi, con gli *stakehoder* di maggior rilievo. Ciò ha permesso di portare avanti un'opera di sensibilizzazione tra i diversi soggetti coinvolti nel digitale terrestre: emittenti; fornitori di apparati, di *software* e di tecnologie; fornitori di servizi; fornitori di contenuti; comuni, istituzioni, ed altri *stakeholder*. I risultati specifici delle valutazioni in sé hanno fornito un sostegno tecnico, negli ambienti istituzionali (Governo, Parlamento), e nell'opinione pubblica in senso lato, al programma di incentivi per l'acquisto dei *set top box* interattivi, nonché allo stanziamento di fondi dello Stato per la sperimentazione dei servizi ad elevata interattività.

Infine, in armonia con analoghe linee-guida a livello europeo, il Governo ha, come si è detto, deciso di rinviare alla fine del 2012 la data per lo *switch-off*. C'erano, senza dubbio, motivazioni di natura tecnologica e anche le motivazioni finanziarie derivanti dalla Acbes inducono a leggere il rinvio come un'opportunità che a sua volta potrà aprire altre opportunità non solo per i telespettatori (a ragione del pluralismo e della libertà di scelta inerente al *DvB-T*) ma soprattutto per le imprese e le pubbliche amministrazioni.

In sintesi, il rinvio non vuole dire ritardo, ma accortezza per esplorare a pieno le opportunità per le imprese e per le amministrazioni, dando a queste ultime il tempo indispensabile per riorganizzare i loro servizi ai cittadini e formare il loro personale. È il risultato della prima importante operazione di politica pubblica (dal tempo dell'analisi della conversione della centrale di Montalto di Castro da termonucleare a policombustibile) esaminata con un metodo economico e finanziario rigoroso, facendo ricorso alle tecniche più aggiornate e costruendo, nel corso della valutazione, una matrice tecnologica dell'economia italiana, che rappresenta un prodotto importante di alto livello e pregio.

5.6.4 Il Sistema integrato dei trasporti sulla direttrice sud-nord della Basilicata ed il collegamento trasversale tra l'asse tirrenico e adriatico

Uno studio di fattibilità, affidato a consulenti ha concluso, sulla base di valutazioni di carattere territoriale e dall'analisi economica e finanziaria, che fra i sei corridoi, stradali e ferroviari, individuati come possibili alternative di collegamento sulla direttrice sud-nord della Basilicata, due alternative, denominate Corridoio stradale 1 e 3, presentano i migliori requisiti di fattibilità. Il Corridoio 1 prevede l'attraversamento stradale della regione nella direttrice sud-nord lungo l'asse che va dall'intersezione con l'autostrada A3 Salerno Reggio Calabria all'altezza di Padula a Potenza passando per Atena, Brienza e Tito. Esso poi prosegue, lungo un tracciato comune anche al Corridoio 3, in direzione di Vaglio, Melfi e Candela, punto di interconnessione con l'autostrada A 16 Napoli-Bari. Il Corridoio 3 si qualifica soprattutto in relazione alla prima parte del tracciato, che partendo dall'uscita di Lauria Nord connette la A 3 Salerno - Reggio Calabria con Potenza attraversando, fra gli altri, i comuni di Castelsaraceno, Sarconi, Viggiano, Corleto, per poi ricongiungersi alla Basentana. Tale tracciato presenta una significativa valenza regionale, in quanto attraversa una parte della Basilicata sempre rimasta fortemente isolata dal resto della regione e soprattutto dalle grandi linee di collegamento nazionali.

Complessivamente, i due tracciati stradali, pur nella loro diversità, presentano condizioni di fattibilità fra loro paragonabili, hanno entrambi Sir economici elevati. Dato il livello e le caratteristiche della domanda, i due Corridoi non sono realizzabili esclusivamente con capitali privati e si rende quindi necessario un contributo pubblico, pari al 20% del costo dell'investimento nel caso del Corridoio stradale 1 e al 40-50%, nel caso del Corridoio 3. Il contributo pubblico presenta quindi dimensioni significativamente diverse nei due casi. A fronte di un fabbisogno più elevato di fondi pubblici, il Corridoio 3 ha tuttavia un impatto molto più significativo sul territorio e sull'economia della Basilicata.

Partendo dall'Acb elaborata da consulenti nel 2002, è stata effettuata un'analisi di reattività volta ad evidenziare i punti di forza e di debolezza di ciascuna delle due alternative, prendendo in considerazione variazioni delle seguenti voci: i) aumento/riduzione del 20% dei costi di investimento e di manutenzione; ii) riduzione/aumento del 20% dei benefici da traffico (tempi di percorrenza e costi operativi); iii) aumento/riduzione del 20% dei costi di investimento e manutenzione e riduzione/aumento del 20% della domanda; iv) aumento/riduzione del 20% sia della durata dei lavori sia dei costi di investimento; v) domanda di mobilità costante dopo l'anno 2010; vi) riduzione/aumento del 20% della domanda. È stata, successivamente, applicata a ciascuna delle due alternative la "simulazione di Montecarlo", tramite la quale è possibile creare una molteplicità di scenari capaci di approssimare gli stati del mondo che si potrebbero verificare una volta iniziata l'implementazione del progetto e analizzarne l'impatto sulla performance del progetto. In ultimo per il Corridoio 3 è stata analizzata la possibilità di costruire l'infrastruttura in diverse fasi dividendo la realizzazione del Corridoio 3 in tre distinti lotti. Per ciascun anno di vita del progetto sono state effettuate diecine di variazioni nelle ipotesi di base.

Per il Corridoio 1 la simulazione è stata effettuata sulla base di 1000 prove. La conclusione è che la probabilità che il Van sia maggiore di zero è del 50%; la probabilità che sia pari a quello ipotizzato "nello scenario base" é compresa tra il 45% e il 40%. Le voci nei confronti delle quali i risultati attesi sono maggiormente reattivi riguardano i tempi di realizzazione ed i benefici. Anche per quanto riguarda il Corridoio 3 è stata effettuata la simulazione sulla base di 1000 prove. La probabilità che il Van sia maggiore di zero è compresa tra il 75% e 70%. I risultati dello scenario base vengono confermati nel 50% circa delle simulazioni. Quindi, ad un'Acb tradizionale pur se arricchita da una elaborata analisi di rischio il Corridoio 3 appare preferibile al Corridoio 1.

L'Acbes, con considerazione delle "opzioni reali", prende in esame l'"opzione" di differimento e l'"opzione" di flessibilità per i due Corridoi ed anche per la possibile (e fattibile) realizzazione del Corridoio 3 in lotti. La conclusione dell'Acbes non solo conferma i risultati dell'analisi di rischio – ossia la superiorità del Corridoio 3 rispetto al Corridoio 1 – ma suggerisce anche una maggiore cautela: non solo a ragione del rischio quale percepito individualmente ma anche e soprattutto dell'incertezza dinamica relativa a molte voci dei costi e dei benefici (tanto economici quanto finanziari) la strategia da seguire sarebbe quella di attuare il Corridoio 3 per lotti funzionali e di effettuare di nuovo l'analisi prima dell'inizio del secondo e del terzo lotto sulla base di informazioni più aggiornate sia sui costi sia sui flussi di traffico (sia su incassi da tariffe e pedaggi).

5.6.5 Incertezza, opzioni reali e formazione dirigenziale

Un'analisi, pubblicata, nella *International Review of Administrative Sciences* esplora, anche sulla base di studi empirici effettuati proprio nell'ambito dell'ex Sspa, come l'Acbes con "opzioni reali" possa essere impiegata in quanto strumento per meglio definire i contenuti dei programmi di formazione dirigenziale. L'analisi è disponibile nelle quattro lingue in cui è pubblicata la rivista (inglese, francese, spagnolo e arabo) ma non in italiano. È utile renderne conto anche e soprattutto in quanto non è un'analisi quantitativa: il suo obiettivo è di pensare in termini di Acbes con "opzioni reali", pur senza effettuare i complessi calcoli (e disporre di una vasta massa di dati). Spesso è proprio questo il compito di dirigenti e di funzionari associati a decisioni su operazioni di spesa.

L'analisi passa in rassegna le "opzioni *call*" e le "opzioni *put*" più frequentemente associate all'allestimento di programmi di formazione dirigenziale e ne esplora il potenziale in alcuni casi concreti quali i programmi di formazione della Ferrari Spa, i sistemi di crediti formativi adottati in numerosi Paesi, la formazione dei manager di Pmi in sei Paesi Ocse. Inoltre, il lavoro esamina come tecniche tradizionali di valutazione dell'investimento in formazione possono essere utilmente e facilmente integrate nella Acbes con "opzioni reali" della formazione manageriale. In conclusione, vengono identificate tre aree che meritano ricerca addizionale: i) lo sviluppo di metodologie, tecniche e procedure per costruire scenari controfatttuali del mercato del lavoro per dirigenti (pubblici e privati); ii) vantaggi e svantaggi relativi di quando, nella sequenza di un programma, condurre l'Acbes con "opzioni reali"; iii) scorciatoie operative per l'identificazione e la quantizzazione delle "opzioni reali".

5.7 Conclusioni

Nel tirare le somme è importante sottolineare come ciascuno dei sei casi concreti di cui si sono riassunti gli aspetti salienti rappresenti un modo differente di applicare l'Acbes con "opzioni reali". Ciascuno, poi, ha comportato un differente dispiego di risorse: mentre per esempio il caso concreto relativo alla transizione da televisione analogica a *DvB-T* è il frutto di uno studio di fattibilità impostato sin dall'inizio con il metodo delle "opzioni reale", gli altri sono, in varia misura, completamenti o integrazioni di studi di fattibilità effettuati con Acb tradizionale.

In breve, dai casi concreti appare che resta ancora da fare molto lavoro metodologico, tecnico e procedurale per determinare i perimetri o i confini degli *stakeholder* da tenere in considerazione (e delle loro principali "opzioni") e per delineare scenari controfattuali alternativi per scelte di strategie settoriali e di strategie di investimenti semplici e trasparenti a costi contenuti (come si è riusciti a farlo per i modelli econometrici macro-economici aggregati, che, come si è visto tengono conto di rischi di previsioni e li illustrano). Ciò non vuole dire, però, che, mentre viene svolto tale lavoro tecnico e metodologico, non sia utile pensare in termini di "opzioni reali" nelle attività a supporto di decisioni di spesa e, per operazioni di particolare rilevanza, non sia essenziale fare ricorso agli aspetti quantitativi del metodo quali delineati in questo capitolo.

CAPITOLO 6

LA VALUTAZIONE DEGLI IMPATTI: IL METODO DEGLI EFFETTI

6.1 Premessa

Uno dei limiti della Acb finanziaria ed economica è quello di non poter fornire indicazione sintetica per operazioni "non marginali": tali operazioni sono quelle che cambiano la struttura di produzione (di un Paese, di una Regione, di un territorio) anche quando tale cambiamento non rientra nei loro obiettivi espliciti. Un cambiamento della struttura di produzione comporta almeno un cambiamento dei rapporti di scambio interni e quindi dei prezzi relativi (sia di mercato sia "contabili" o "ombra"). Di norma, ciò avviene quando nella situazione "con l'intervento" muta la struttura di produzione di un'economia, ossia di un Paese, rispetto alla situazione "senza intervento"; secondo accezioni recenti, dovrebbe essere preso in conto esclusivamente in caso di cambiamento della struttura di produzione dell'Ue o almeno dei Paesi dell'unione monetaria europea, cioè in casi rarissimi. Alcune applicazioni empiriche dell'analisi ai *Ten* riguardano tali cambiamenti. Un primo lavoro approfondito in un'ottica europea riguarda lo Studio di fattibilità (Sdf) effettuato nella seconda metà degli Anni Ottanta del collegamento tra la Gran Bretagna e Francia attraverso un ponte ed un tunnel sotto la Manica: uno dei suoi risultati fu quello di evidenziare come gli impatti sarebbero stati non tanto nel Kent o nel Nord-Pas de Calais, le due regioni amministrative direttamente interessate al collegamento, ma nel corridoio Parigi-Colonia dove vi sarebbero stati benefici sociali consistenti a ragione della diminuzione e del sovraccarico di traffico su gomma e del risultante inquinamento atmosferico. Non sono stati fatte analisi analoghe per quanto attiene al progettato Ponte sullo Stretto di Messina. Secondo un'altra interpretazione, peraltro poco seguita in Italia, tale cambiamento è rilevante anche quando riguarda un ambito specifico, quale una Regione o un territorio ben individuato e ben delimitato.

In tutti questi casi si fa ricorso a numerose varianti della stima degli impatti, le cui origini storiche risalgono al *Tableau Economique* stimato, per la Francia, da François Quesnay nella metà del Settecento e nelle tavole *input-output* teorizzate e sviluppate da Vassilly Leontieff all'inizio del secolo scorso (aggiornate periodicamente dall'Istat per l'economia italiana, mentre quelle regionali sono rimaste in gran misura alle rilevazioni e stime effettuate negli Anni Ottanta, nonostante recenti tentativi di aggiornamento). Un altro strumento utilizzato è la matrice di contabilità sociale (*Social accounting matrix*, Sam, pure come acronimo in italiano), di recente applicazione anche in Italia. In questo capitolo vengono trattati gli argomenti relativi al metodo degli effetti (chiamato *méthode des effets* pure nella letteratura professionale italiana), ai criteri di scelta più frequentemente impiegati quando lo si applica, nonché agli esiti che si possono ottenere attraverso l'applicazione degli strumenti previsti in questa metodologia.

6.2 Progetti non marginali: Acb e "metodo degli effetti" - differenze, limiti e complementarità

A livello operativo, l'approccio della valutazione degli effetti e degli impatti, tramite la *méthode des effets*, ha avuto un notevole sviluppo in Francia ed è stato in una certa misura recepito dalla Commissione europea nei primi anni di funzionamento del Fondo europeo di sviluppo prima e dei Fondi strutturali poi tramite applicazioni semplificate. In Italia, è stato utilizzato alcune volte: ad esempio, negli Anni Sessanta per la valutazione del polo siderurgico di Taranto, negli Anni Ottanta per il piano generale trasporti, negli Anni Novanta per lo studio dell'interazione tra industria ed ambiente in distretti industriali dell'Emilia, all'inizio del 21simo secolo per la stima degli effetti a breve termine della transizione da televisione analogica a televisione digitale terrestre e per l'aggiornamento del piano generale trasporti, per programmi di sviluppo regionale della Regione Toscana e della Regione Siciliana. Ne è stato fatto uso nel Fondo aiuti italiani (Fai) alle metà degli Anni Ottanta e, per l'occasione, è stato anche allestito un manuale in italiano in ben sette volumi; ha avuto una diffusione limitata ed un'applicazione ancora più ristretta. Tale manuale distingue tra "effetti" per indicare le ricadute di breve periodo ed "impatti" per quelle invece a medio e lungo termini; questa distinzione è utilizzata da specialisti di studi regionali ma ha poco rilievo per molte analisi economiche. Sono anche state fatte alcune applicazioni a patti territoriali e contratti di programma. Tra le maggiori esperienze all'estero (oltre alla prassi in uso in Francia e per diversi anni presso i servizi della Commissione europea per i progetti a valore sul Fondo europeo di sviluppo) sono le applicazioni per il riassetto del bacino dell'Indus negli Anni Sessanta, per gli Sdf del terzo aeroporto di Londra e dell'Eurotunnel negli Anni Settanta e più o meno nello stesso periodo per il "triangolo di Jenka" in Malesia.

Negli Anni Settanta e Ottanta, si è anche svolto un dibattito accademico e professionale acceso tra la "scuola anglosassone", sostenitrice dell'Acb ed i sostenitori, non solo francesi ma anche latino-americani, de la *méthode des effets* applicata con una certa frequenza sulla base di manuali operativi tanto in Paesi di espressione francese (prevalentemente in Africa oltre che nel territorio metropolitano) quanto in America Latina.

Il dibattito ha permesso di mettere in luce differenze e complementarità. Le differenze principali sono le seguenti:

a) la finalità dell'Acb è quella di giungere, attraverso l'elaborazione ed applicazione di un sistema alternativo di valori (i prezzi ombra) per l'analisi economica, a uno o più indicatori sintetici di convenienza (analoghi a quelli di norma utilizzati per l'analisi finanziaria condotta sotto il profilo dei vari soggetti economici: individui, famiglie, imprese) in modo da potere giungere ad un giudizio di accettazione o rigetto di un piano o intervento e, quin-

di, della convenienza di procedere o meno alla sua realizzazione;
b) le finalità de la *méthode* è, invece, quella di facilitare il dialogo tra servizi tecnici ed organi politici della programmazione economica descrivendo l'impatto di un intervento (o preferibilmente di uno o più gruppi di interventi su un sistema economico).

Dato che è un metodo essenzialmente descrittivo, esso non propone l'impiego sistematico di indicatori sintetici di convenienza economica, pur se si suggerisce l'impiego di alcuni indici di valore progettuale (soprattutto il differenziale di valore aggiunto attribuibile al progetto, una misura in effetti equivalente all'apporto di reddito, misurato in valuta estera, imputabile al progetto) se gli organi politici della programmazione richiedano il calcolo di indici sintetici per facilitare i loro compiti decisionali. Inoltre, nella prassi operativa, nella *méthode* si utilizzano i prezzi di mercato interni, correnti e previsti, e non si elabora un sistema alternativo di "prezzi ombra"; i primi vengono ritenuti più appropriati di un sistema di "prezzi di riferimento astratti" in quanto espressione tanto della "disponibilità a pagare" quale risulta dal mercato quanto delle scelte di politica economica del Paese e medio e lungo termine.

Le differenze di finalità non riguardano solo o principalmente la "cultura" istituzionale di amministrazioni pubbliche da bagagli metodologici e tecnico-procedurali differenti, quali le Istituzioni finanziarie internazionali (come la Banca mondiale e le banche regionali di sviluppo), da un lato, e l'amministrazione della Francia, dei Paesi di espressione francese, di alcuni Paesi dell'America Latina e dei Paesi dell'Europa centrale ed orientale. Esse attengono al ruolo dello Stato e al grado di centralizzazione delle decisioni sull'intervento pubblico, nonché all'orientamento dell'investimento privato, da parte delle autorità pubbliche. L'Acb, invece, fa perno sul funzionamento del mercato e sul decentramento decisionali e, nelle versioni più aggiornate (principalmente per applicazioni in Paesi ad alto reddito e ad economia di mercato), limita il più possibile "correzioni" al mercato e ai suoi segnali quali quelle attuate tramite l'applicazione di "prezzi ombra" e ponderazioni distributive intertemporali e interpersonali. La *méthode* e l'Acb devono essere lette quindi come due concezioni divergenti dell'intervento pubblico e dall'analisi economica a suo supporto. Inoltre mentre l'Acb è di facile apprendimento ed accesso a dirigenti e funzionari della Pa non di formazione economico-matematica, *la méthode* lo è unicamente nelle sue versioni più semplificate.

A livello metodologico, tentativi di riconciliare *la méthode* con l'Acb quali quelli effettuati, negli Anni Settanta e Ottanta hanno fatto essenzialmente leva sulla costruzione di prezzi "di riferimento" o prezzi ombra "nazionali", basati su obiettivi "nazionali", non necessariamente su quelli – quali ipotizzati nei manuali Ocse, Unido e Banca mondiale – di un riassetto della struttura di produzione interna per porla in linea con la struttura di produzione internazionale da attuarsi principalmente tramite l'interscambio con l'estero e, quindi, con il "grado di apertura" dell'economia. I tentativi di derivazione di prezzi ombra "nazionali" non hanno avuto applicazioni operative significative, ad eccezione del loro impiego, peraltro a fini sperimentali, da parte della Banca mondiale, in un campione di progetti in Africa occidentale; la sperimentazione condotta tra l'ultimo scorcio degli Anni Settanta e la prima metà degli Anni Ottanta, non ha avuto alcun seguito in termini di prassi operativa né da parte delle Ifi né da parte dell'Ue o di Paesi europei. È stato pubblicato un lavoro nel quale vi è la derivazione dei prezzi ombra per l'Italia, attraverso l'utilizzo delle matrici input-output del 1995 e 2000, e contenuto nella sezione monografica del n. 32 della *Rassegna Italiana di Valutazione*.

Una strada più promettente è quella di utilizzare le complementarità tra *la méthode*" e l'Acb. Ciò vuole dire prendere l'avvio dalla constatazione che tanto l'una quanto l'altra sono scorciatoie operative di strumentazioni d'analisi economica molto più complesse: la modellistica computabile di equilibrio economico il primo, e l'economia del benessere la seconda. Specialmente, nelle derivazioni in cui vengono costruite Sam e modelli computabili di equilibrio economico e gli "effetti" vengono valutati alla luce di una Fbs o predefinita o rivelata (dai comportamenti dei soggetti economici), la modellistica computabile è particolarmente utile alla valutazione di programmi "non marginali", tali, cioè, da incidere sulla struttura di produzione e dei prezzi. La seconda, invece, può essere applicata solo quando è valida l'ipotesi di "marginalità", in base alla quale, quindi, il progetto non incide sulla struttura di produzione e dei prezzi.

Al di là delle differenze sul ruolo dello Stato e del mercato nei due approcci, la complementarità attiva sinergie molto utili quando *la méthode* viene utilizzata per allestire e valutare un programma "non marginale" in linea con obiettivi di politica economica e la seconda per vagliare i progetti, singolarmente "marginali", di cui è costituito il programma medesimo. Dal primo, infatti, si ottengono stime degli effetti dell'intero programma su "variabili obiettivo" (crescita del Pil, occupazione, bilancia dei pagamenti, equilibrio territoriale) e dalla seconda risposte "dicotomiche" (ossia di accettazione e rigetto) sui singoli interventi. Viene scelto il gruppo – o "grappolo" nel linguaggio *la méthode* – di progetti singolarmente accettati che meglio soddisfa le "variabili obiettivo". Oltre alle esperienze citate, è utile ricordare che in alcuni Paesi, principalmente del Nord Europa, vengono condotti tentativi specifici di applicazione de *la méthode* proprio nel campo dell'allestimento di programmi ambientali, anche se riguardano più la complementarità tra Acb e valutazione d'impatto ambientale che quella tra modellistica computabile e Acb. La tabella seguente riassume la situazione delle prassi operative in un gruppo significativo di Paesi Ocse.

PAESE	Caratteristiche del decentramento decisionale in materia di investimento pubblico
Finlandia	L'amministrazione centrale dello Stato allestisce e gestisce la metà circa dell'investimento pubblico.
Germania	I *Lander* hanno competenza esclusiva per preparare o fare preparare progetti d'investimento pubblico e di decidere quali debbano essere finanziati. Il Governo federale fornisce supporto finanziario senza però avere alcuna influenza diretta sulla selezione degli investimenti.
Grecia	Negli Anni Novanta c'è stato un aumento costante della percentuale dei programmi d'investimento pubblico di competenza delle prefetture. Adesso sfiora il 25% del totale ma è in ulteriore incremento.
Norvegia	Gli enti locali sono responsabili per due terzi dell'investimento pubblico, finanziato sia tramite tasse ed imposte locali sia tramite trasferimenti dall'amministrazione centrale. I progetti, però, devono essere in linea con standard di preparazione e di analisi definiti congiuntamente dall'amministrazione centrale e dagli enti locali.
Regno Unito	Una metà dell'investimento pubblico è di competenza dell'amministrazione centrale; l'altra degli enti locali.
Spagna	Il processo di decentramento decisionale iniziato negli Anni Ottanta è stato accentuato nella seconda metà degli Anni Novanta: adesso il volume dell'investimento pubblico di competenza delle Regioni e degli enti locali è pari ad oltre il doppio di quello nella sfera dell'amministrazione centrale.

Fonte: da rapporti nazionali Ocse

Queste considerazioni vanno tenute in mente nel leggere la tabella seguente in cui si sintetizza la situazione recente dell'utilizzazione dell'analisi progettuale e dell'Acb (che richiede decentramento decisionale, mentre *la méthode* sottintende programmazione almeno indicativa) ai fini della valutazione di progetti d'investimento pubblico in alcuni Paesi europei.

PAESE	Viene utilizzata l'analisi costi benefici?	Tratti salienti dell'impiego dell'analisi ai progetti d'investimento pubblico
Austria	Sì, ma non sistematicamente	Gran parte dei Ministeri hanno creato commissioni e nuclei di valutazione. Spesso le valutazioni di tali commissioni e nuclei hanno solo valore consultivo. La qualità dell'analisi varia in ampiezza e spessore. A volte gli esperti tecnico-economici sono affiancati da rappresentanti delle parti sociali nel quadro di procedure di concertazione.
Finlandia	Sì, segnatamente per i trasporti	Le decisioni in materia di trasporti pubblici vengono assunte sulla base di studi di impatto socio-economico che includono l'analisi costi benefici, nonché una valutazione degli impatti che non possono essere quantizzati in termini monetari. L'analisi costi benefici viene utilizzata specialmente per escludere progetti di scarsa qualità. Gli studi socio-economici e l'analisi costi benefici vengono forniti al Parlamento come input nel processo decisionale legislativo.
Grecia	Sì, in numerosi casi	In pratica quasi esclusivamente i programmi e i progetti co-finanziati con la Ue sono esaminati facendo ricorso all'analisi costi benefici, quando ciò è richiesto dalle procedure Ue. Un'altra categoria sono le agevolazioni ad investimenti privati nelle regioni meno sviluppate.
Norvegia	Sì, in modo sistematico	L'utilizzazione dell'analisi costi benefici è richiesta per la valutazione degli investimenti stradali, ma è in rapida estensione in altri settori. Anche in Norvegia i risultati delle analisi (e sovente la documentazione di supporto) vengono forniti al Parlamento come input nel processo legislativo.
Regno Unito	Sì, in modo sistematico	In base alla normativa in vigore, i Ministeri e gli enti locali ricevono un'allocazione di bilancio in conto capitale ed è loro responsabilità di indicare in dettaglio come verrà utilizzata in modo da "ottenere i risultati migliori ed assicurare rendimenti sociali positivi". L'analisi costi benefici dei singoli progetti viene impiegata a questi fini e il Tesoro "condivide" la responsabilità di monitorare la qualità delle operazioni.
Spagna	Sì, in modo sistematico	L'analisi costi benefici è utilizzata ampiamente per decidere quali sono i progetti, non solo quelli a valere su fondi Ue, più appropriati a rissolvere un problema o fare fronte a un'esigenza.

Alcuni Paesi (Regno Unito, Finlandia) hanno pubblicato manuali, anche settoriali (specialmente per comparti come la sanità,
l'ambiente, l'istruzione e la formazione) in cui la quantizzazione
dei benefici è più difficile. L'analisi viene inoltre spesso utilizzata
al fine di esaminare in che misura le amministrazioni raggiungono
i loro risultati strategici.

6.3 Caratteristiche generali della *méthode*

L'assunto di fondo della *méthode* è identico a quello dell'Acb:
la politica ed ancor più la programmazione economica, da un lato,
e la scelta degli investimenti pubblici, dall'altro, sono strettamente
interconnesse. Quindi, da un lato gli obiettivi ed i vincoli della
programmazione si rispecchiano sui parametri di valutazione ed i
criteri di scelta per i singoli progetti; da un altro, la disponibilità di
progetti effettivamente attuabili influenza i contenuti e le finalità
stesse dei programmi.

Nell'Acb, la scelta dei singoli investimenti pubblici viene affrontata secondo meccanismi decentrati in cui le decisioni vengono
prese dagli organi periferici della programmazione, dalle autonomie locali e da soggetti privati sulla base di "parametri nazionali" e
di un sistema alternativo di prezzi (i "prezzi ombra"); tanto i primi
quanto i secondi vengono definiti in modo interattivo tra gli organi
centrali della programmazione, da un lato, e organi periferici, autonomie locali e soggetti privati, dall'altro. Nella *méthode*, invece, la scelta viene effettuata contestualmente all'elaborazione del
piano; secondo la *méthode*, le finalità dell'analisi economica sono
quelle di chiarire le relazioni tra le modifiche apportate dal progetto ad una data situazione economica, da un canto, e gli obiettivi
nazionali di sviluppo stabiliti a livello politico, da un altro.

Da un lato, la definizione contestuale dell'intero programma
di spesa rende il "metodo" particolarmente adatto a Paesi in via
di sviluppo di piccole dimensioni il cui programma è di solito caratterizzato da pochi progetti di dimensioni relativamente grandi.

Da un altro, questa caratteristica costituisce un limite alla sua applicazione in Paesi industriali ad economia di mercato di grandi dimensioni in cui le scelte relative ai progetti non possono venire demandate ad un solo organo decisionale centrale sia per ragioni istituzionali sia a motivo della pluralità di mercati esistenti. In questi Paesi, la *méthode* tuttavia, può essere utilizzato non solo per interventi le cui dimensioni sono tali da incidere sulla struttura economica ma anche per esaminare l'impatto di riparti alternativi della spesa pubblica su alcune variabili particolarmente importanti per il perseguimento degli obiettivi di politica economica. La *méthode* diventa, in tal modo, valutazione d'impatto (Vi).

Il punto di partenza è la determinazione (o la simulazione) del modello di società (e dunque del modello dei consumi) a cui il Paese vuole pervenire tramite il processo di programmazione economica e per mezzo degli interventi con i quali esso prende corpo. Tale modello è specifico ed esogeno, nel senso che viene delineato con un grado sufficiente di dettaglio da potersi, con esso, determinare il vettore di domanda interna. Una volta determinati modello di società, il modello dei consumi e il vettore di domanda, si può procedere all'identificazione degli "effetti" di un progetto ed alla classificazione in "costi" e "benefici"; in tal modo, l'analisi economica dei programmi d'investimento e l'analisi specifica dei singoli progetti diventano parte integrante del processo di programmazione.

Nella *méthode*, come nell'Acb, il raffronto è tra la situazione "con l'intervento" e la situazione "senza l'intervento". Tale raffronto non viene, però, effettuato calcolando i flussi di cassa imputabili all'intervento ed uno o più indicatori attualizzati (come il Van od il Sir), ma tracciando gli "effetti" del progetto sui settori e sulle istituzioni e raffrontando il valore aggiunto nella situazione "con il progetto", rispetto a quello nella "situazione di riferimento" (per utilizzare il lessico della letteratura in proposito).

Gli "effetti" del progetto vengono suddivisi, in primo luogo, in due grandi categorie: effetti "primari" ed effetti "secondari". Gli effetti "primari" riguardano la creazione di valore aggiunto tramite l'intervento. Gli effetti "secondari" sono quelli derivanti dalla utilizzazione del valore aggiunto addizionale ed alla creazione, quindi, di ulteriori flussi di valore aggiunto grazie all'impiego che individui, famiglie, pubblica amministrazione, settore estero fanno del valore aggiunto creato dall'intervento. Nella prassi operativa, è consigliabile limitarsi alla stima degli effetti "primari" non solo in quanto ricavare effetti "secondari" presenta notevoli complessità tecniche ma anche e soprattutto poiché c'è il pericolo di conteggi multipli.

Nella stima degli effetti "primari" (nonché in quella degli effetti "secondari" nei rari casi in cui si tenta di farlo), vengono, a loro volta, distinti in due categorie:

a) gli effetti "diretti" che corrispondono al valore aggiunto creato e ripartito tra famiglie (salari e, se del caso, dividendi azionari), Pa (tasse e imposte), intermediari finanziari (interessi e rimborso del capitale) ed imprese (utile lordo, al netto delle imposte, non distribuito agli azionisti). Tale quadro contabile definito per interventi direttamente produttivi, quelli per i quali è stato ed è più frequentemente utilizzato il "metodo", viene appropriatamente impiegato per infrastruttura e servizi pubblici;

b) gli effetti "indiretti" risultanti dagli acquisti di beni e servizi da imprese e fornitori. A loro volta, si distingue tra effetti "indiretti di primo grado" (ad esempio, l'utilizzazione d'energia per l'intervento) dagli effetti "indiretti di secondo grado" (l'acquisto di combustibile per il funzionamento della centrale elettrica) che, a loro volta, attivano effetti "indiretti di terzo grado", e così via. Una volta identificati, viene stimato il valore aggiunto e ripartito tra le varie istituzioni. Occorre fare molta attenzione ad evitare conteggi multipli (errore consueto se si vogliono sottolineare gli aspetti positivi e celare quelli negativi).

Tanto gli effetti "primari" quanto gli effetti "secondari", nelle loro varie suddivisioni, sono presenti sia nella fase di cantiere sia nella fase di regime; nella prima il loro contributo è principalmente l'attivazione di capacità non utilizzata, mentre nella seconda essi contribuiscono ad accrescere il capitale e, quindi, la produttività.

La distinzione ha significato pratico ed analitico per la stima degli effetti ma non per ricavare la stima del valore aggiunto complessivo attribuibile al progetto. Ha una valenza molto maggiore, e spesso trascurata, il fatto che la decisione di finanziare un progetto e la sua realizzazione ha come conseguenza la riduzione di attività economica in settori od istituzioni concorrenti (ad esempio, la creazione di una nuova impresa sottrae quote di mercato ad imprese pre-esistenti oppure la realizzazione di un'autostrada comporta una diminuzione del traffico ferroviario) o la rinuncia all'utilizzazione dei fattori di produzione in impieghi alternativi (ad esempio, in agricoltura la terra per l'introduzione di nuove culture). Si deve avere cura di tenere conto di questi "effetti" nel raffronto della situazione "con l'intervento" con la situazione "senza l'intervento".

Una volta tracciati gli effetti, gli interventi da finanziare vengono scelti risolvendo un problema chiamato, in gergo tecnico, "di massimizzazione vincolata". In breve, si identifica quel gruppo di interventi che, sulla base di determinati vincoli (disponibilità di risorse di bilancio o di bilancia dei pagamenti) massimizzano le variabili alla base del modello di società che il Paese vuole realizzare (ad es., valore aggiunto, occupazione), del modello di consumi a cui si vuole pervenire e, dunque, del modello di domanda che si intende soddisfare.

L'identificazione e la stima degli effetti "primari diretti" è relativamente semplice. Si tratta di stimare il valore aggiunto creato nell'ambito dell'intervento – quindi, di quantizzare, per lo più sulla base dei libri contabili, salari, utili d'impresa, dividendi, e così via. Ancora una volta, la semplicità della stima cela trabocchetti. Occorre, infatti, identificare, stimare e quantizzare il valore aggiunto direttamente imputabile all'intervento. Tranne casi eccezionali, l'intervento sostituisce un processo produttivo pre-esistente con una differente combinazione di beni e servizi, oppure gli *input* utilizzati nell'intervento vengono sottratti ad un'altra utilizzazione. Di norma, quindi, occorre dedurre dal valore dell'intervento il valore aggiunto, anch'esso "diretto", a cui la realizzazione dell'intervento obbliga a rinunciare sia nella fase di cantiere sia nella fase a regime.

Gli effetti primari "indiretti" imputabili ad acquisti sul mercato interno si hanno quando: i) esiste una capacità di produzione sottoutilizzata (o, in casi estremi, inutilizzata) per fare fronte alla domanda addizionale di beni e servizi creata dal progetto, oppure ii) la domanda addizionale di beni e servizi attiva un aumento della capacità di produzione che, a sua volta, provoca o un aumento degli investimenti, o un aumento dell'occupazione, o sia l'uno sia l'altro. Se, nella situazione "senza l'intervento", la capacità di produzione è satura, la domanda di beni e servizi per il progetto comporterà un aumento delle importazioni o una riduzione delle risorse a disposizione di altri utilizzatori oppure una combinazione di questi due "effetti"; in questi casi, gli "effetti indiretti" sul valore aggiunto consistono in una riduzione dei consumi da parte di altri utilizzatori e settori, di cui si deve tenere conto nella quantizzazione degli "effetti" dell'intervento.

I principali "effetti indiretti", quindi, possono venire identificati e quantizzati nel modo seguente: i) utili lordi addizionali dalle imprese che riescono a soddisfare la domanda addizionale di beni e servizi da parte del progetto utilizzando la capacità di produzione esistente (e senza dar luogo ad un incremento dell'occupazione); ii) utili lordi addizionali e monte salari addizionale per le imprese che devono attivare capacità di produzione esistente ma non impiegata per far fronte alla domanda incrementale attribuibile al progetto; iii) investimenti che, a loro volta, generano alti "effetti indiretti" (utili lordi e monte salari incrementali) ove si debba aumentare la capacità di produzione.

In pratica, questi "effetti" si riflettono in modifiche dei conti economici delle imprese che forniscono beni e servizi al progetto. Nella prassi operativa di applicazione della *méthode*, queste modifiche vengono stimate sulla base di indagini campionarie *ad hoc* presso le categorie di imprese o presso le imprese coinvolte del progetto.

Ciò si verifica, per di più, quando si è alle prese con interventi di innovazione tecnologica, oppure in settori nuovi, oppure ancora in programmi e interventi con componenti importanti di ricerca scientifica. In progetti di queste tipologie, in effetti, gli stessi coefficienti tecnici (che nelle tavole intersettoriali *input-output* collegano i vari comparti) richiedono aggiornamenti ad intervalli più frequenti di quelli in cui gli uffici statistici nazionali conducono e pubblicano revisioni dei dati.

Nell'identificazione e quantizzazione degli "effetti primari indiretti", inoltre, non è sufficiente tentare di identificare tutti i principali flussi attivati dall'intervento – passaggio di solito effettuato nelle applicazioni della *méthode*. Occorre anche tenere conto, specialmente per operazione di spesa articolate su un lungo arco di tempo, che le ipotesi relative alla capacità di produzione all'inizio nella realizzazione del progetto non restano necessariamente tali nel resto della fase di cantiere e nella fase a regime, ma possono essere modificate in seguito a determinanti che poco o nulla hanno a che vedere con il progetto oggetto di analisi. Ciò comporta l'esigenza di una descrizione, e quantizzazione, molto accurata della situazione "senza l'intervento" durante tutto l'arco di vita dell'operazione. Inoltre, al pari di quanto si è visto per gli "effetti primari diretti", nel computo di quelli "indiretti", occorre dedurre il valore aggiunto a cui si deve indirettamente rinunciare sia sottraendo ad altre utilizzazioni uno o più fattori di produzione sia sostituendo un processo produttivo pre-esistente con un nuovo.

Nell'identificazione e nella stima degli "effetti secondari" sia "diretti" sia "indiretti" si devono affrontare tematiche analoghe a quelle riassunte per la quantizzazione degli "effetti primari indiretti". In questa sede, preme sottolineare la differenza essenziale tra i metodi di identificazione e stima. Ricavare gli "effetti secondari "- sia "diretti" sia "indiretti" – non richiede solo un quadro puntuale della situazione "senza intervento" e della situazione "con intervento" e dell'interazione tra comparti ed imprese, ma anche la conoscenza di parametri di comportamento delle istituzioni coinvolte, in varia misure ed a vario titolo, nell'intervento (individui, famiglie, imprese di molteplici settori, pubblica amministrazione, resto del mondo) ; occorre stimare, infatti, quale utilizzazione le istituzioni daranno al valore aggiunto addizionale (generato dal progetto) a loro disposizione, in che misura lo destineranno a consumi (ed in quali comparti) ed in che misura lo convoglieranno verso investimenti e/o consumi (ed ancora una volta in quali comparti). Le Sam sono strumento essenziale per avere queste informazioni tramite l'applicazione di modelli computabili di equilibrio economico generale o parziale; tuttavia, si dovrebbe disporre di serie storiche di "matrici di contabilità sociale" rilevate o stimate secondo metodi omogenei, nonché di modellistica computabile molto dettagliata.

Indagini statistiche *ad hoc* richiedono un grande impegno di risorse, soprattutto delle risorse tempo e personale. Si deve, quindi, ricorrere a scorciatoie operative; in molti casi, le indagini periodiche sui bilanci delle famiglie (condotte dall'Istat e dalla Banca d'Italia) possono fornire informazioni sulla cui base effettuare stime, con un grado di attendibilità relativamente buono, della utilizzazione del valore aggiunto addizionale da parte delle famiglie. Solo raramente si dispone di strumenti statistici analoghi per quanto riguarda il comportamento delle imprese e della Pa.

Nella manualistica di base sulla *méthode* si insiste sulla esigenza di cercare di stimare tutti gli "effetti secondari" di un intervento ogni qual volta c'è un aumento di valore aggiunto, senza distinguere in merito alla sua origine (utile d'impresa incrementale; monte salari incrementale). Ciò è di rado fattibile, senza il pericolo di incorrere in conteggi multipli e in stime poco attendibili. Nelle Guide operative pubblicate nel mondo d'espressione francese, si suggerisce, al fine di valutare una platea di interventi e scegliere quali realizzare, di limitare le stime agli "effetti primari" netti dei singoli progetti e di compararli, eccetto quando la loro ripartizione tra istituzioni risulti molto differente tra un progetto ed un altro.

È utile ricordare che queste scorciatoie operative sono coerenti con l'assunto e le finalità di base della *méthode*: il vettore di domanda interna è dato (in quanto determinato come espressione del modello di società a cui è rivolta la politica economica del Paese). Il modello di consumi è un sotto-insieme del modello di società e non viene influenzato dalle specifiche di progetti scelti se il processo di selezione viene effettuato in modo da definire contestualmente il Piano ed i principali progetti che ad esso danno corpo. In sintesi, quando si parla di valutazione di impatto economico o valutazione degli effetti è importante tenere presente due concetti altrettanto importanti. Il primo è quello a cui si riferisce la non marginalità dell'intervento oggetto di valutazione. Il secondo si riferisce agli strumenti utilizzati per condurre tale tipologia di analisi e valutazione.

Per quanto riguarda la non marginalità di un progetto, viene definito "non marginale" un intervento che, rispetto alle ricadute economico-sociali sul territorio, produce implicazioni rilevanti per il tessuto economico di riferimento. In tal senso, un intervento che ha forti ricadute, per esempio una strada di collegamento tra due piccoli comuni, su una collettività ristretta a poche migliaia di abitanti, è definito "non marginale" se la valutazione degli effetti è strettamente limitata alla popolazione interessata. Se il riferimento alla marginalità viene esteso al territorio provinciale del comprensorio dei due piccoli comuni, se non addirittura a quello regionale, la "non marginalità del progetto" è senz'altro meno intensa. Allo stesso tempo, se facciamo riferimento, per esempio, al programma della transizione del sistema televisivo dall'analogico al digitale terrestre, il concetto della "non marginalità" può essere esteso all'intera nazione, poiché l'impatto delle nuove tecnologie di comunicazione interesserà il 99% della popolazione e la struttura di produzione nei comparti dei media, delle telecomunicazioni e dell'*Ict* in generale; in tal caso gli effetti del cambiamento avranno ripercussioni sull'economia, sulla produzione, sui consumi, dell'intera collettività del Paese.

6.4 Gli strumenti del metodo degli effetti

Passiamo ora agli strumenti utilizzati per la valutazione degli effetti di ricaduta economica di un progetto "non marginale". I due strumenti principali sono la matrice *input-output* e la Sam. Attraverso l'utilizzo di questi due strumenti è possibile conoscere – e misurare in termini quantitativi monetari – le variazioni prodotte dal progetto sulle variabili economiche del territorio di riferimento: Pil, produzione, consumi, occupazione ottenuta nell'indotto e indiretta, scambi con il resto del mondo.

La differenza tra la matrice *input-output* e la Sam risiede, in primo luogo, nella forma di sintesi attraverso cui ciascuno strumento consente di rappresentare la contabilità economica nazionale. In secondo luogo, mentre le analisi e gli esperimenti effettuabili attraverso la matrice *input-output* consentono di analizzare l'impatto di ciascun settore (o gruppo di settori) in termini di scambi interindustriali, la Sam consente di includere, in una stessa analisi di impatto, anche gli effetti diretti e indotti sulla domanda finale (sia i consumi – delle imprese, delle famiglie, della pubblica amministrazione e del resto del mondo – sia gli investimenti).

Questi strumenti consentono, pertanto, di rappresentare l'intero sistema produttivo come un'unica grande impresa, dove sono presenti i risultati economici finali, indipendentemente da quelli dei singoli comparti che producono i beni o servizi intermedi; il valore di questi ultimi, infatti, risulta incorporato nel valore dei beni o servizi finali e, per evitare duplicazioni, non viene considerato.

Le utilizzazioni degli strumenti della valutazione con il metodo degli effetti possono essere molteplici. Una possibile utilizzazione è quella dello studio delle relazioni intersettoriali, ovvero l'analisi dei collegamenti "a monte" e "a valle" che vi sono tra i settori dell'economia nazionale. La rappresentazione dei settori, in effetti, può essere effettuata o attraverso l'aggregazione ai tre principali rami dell'economia: agricoltura, industria e servizi. In alternativa, le matrici possono includere un numero maggiore e più particolareggiato di settori: tanto più è particolareggiata nel numero di settori e nei rami di attività, tanto più le matrici possono essere puntuali e specifiche, nell'analisi delle interdipendenze economiche.

Una seconda possibile utilizzazione del metodo degli effetti riguarda la programmazione economica a favore di un determinato territorio e/o settore. Spesso per coloro che ricoprono ruoli decisionali si pone il problema di stimare, nel modo più attendibile possibile, le prevedibili ripercussioni di una certa variazione della domanda finale (consumi, investimenti, spesa pubblica, esportazioni) sul livello dei redditi, della produzione, dell'occupazione e dei consumi finali che si potranno ottenere grazie ad un determinato progetto. Gli strumenti utilizzati in tale contesto, con particolare riferimento alla Sam, consentono di risolvere questo problema. Grazie ad un particolare modello di stima del moltiplicatore keynesiano, è possibile stimare (con un opportuno procedimento matematico detto "inversione della matrice") come un incremento di 100 milioni di euro per realizzare un intervento (infrastrutturale, produttivo, di incentivo ai consumi di determinati prodotti e/o servizi, ecc.), provochi aumenti (approssimativi e massimali) della produzione intersettoriale complessiva pari a circa 1.500 milioni di euro, un valore aggiunto pari a circa 400 milioni di euro, redditi da lavoro dipendente per un valore pari a circa 200-250 milioni di euro. Tali effetti sono da ricondurre alla fase di cantiere, ovvero il periodo nel quale gli investimenti previsti dal progetto sono immessi nel sistema produttivo, affinché l'impianto possa essere messo in esercizio.

Un altro importante aspetto che gli strumenti adottati attraverso la *méthode* consente di apportare all'analisi e valutazione decisionale di un intervento non marginale è la misurazione dell'impatto economico nella fase di regime. In questo caso, con opportuni modelli matematici applicati alla Sam, si possono conoscere gli effetti che l'impianto, una volta completato e grazie all'entrata in gestione, potrà produrre a favore del sistema economico. Ovviamente, l'attendibilità della stima è subordinata alle ipotesi che le relazioni economiche fra i diversi settori non subiscano forti variazioni fra l'anno cui si riferiscono le matrici e il periodo delle previsioni. In secondo luogo, le stime non considerano gli effetti delle dispersioni di capacità produttiva e degli spiazzamenti prodotti da altri investimenti negli stessi settori o in altri settori collegati a quello (o quelli) in cui viene realizzato il progetto.

In virtù di queste potenzialità, diventa altrettanto opportuno verificare e utilizzare le stime con altrettanta prudenza. Infatti è una buona prassi incrociare le stime degli effetti ottenute con gli strumenti delle matrici intersettoriale e di contabilità sociale, con esperienze e casi verificati e valutati ex-post, tenendo sempre presente che le stime andranno considerate come risultati e ipotesi massimali, ovvero che il sistema economico funzioni in modo efficiente e la spesa pubblica sia assolutamente "aggiuntiva" a quella privata, senza pertanto indurre fenomeni di spiazzamento della spesa privata in analoghi progetti e settori.

6.5 I criteri di scelta

Identificati e stimati gli "effetti primari" e gli "effetti secondari", si giunge ad una rappresentazione dell'impatto di un progetto su un sistema economico che può essere rappresentato schematicamente nel modo seguente:

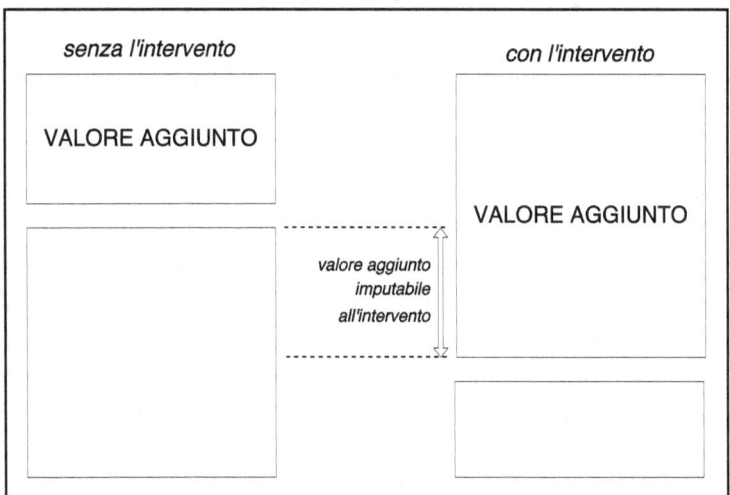

In sintesi, il cuore della *méthode* consiste nel valutare l'intervento in base al valore aggiunto addizionale che esso crea per l'economia. Nella letteratura relativa ai Paesi in via di sviluppo si dimostra come tale incremento netto di valore aggiunto equivale all'aumento, diretto o diretto, di reddito, misurato in valuta estera, che dal progetto ottiene il Paese. In tal modo, la *méthode* equivale, sotto molti profili, ad un altro approccio alla valutazione di progetti impiegato per anni principalmente per l'analisi di progetti industriali in Paesi in via di sviluppo – il "metodo del costo delle risorse interne" o "metodo di Bruno" dal nome dell'economista Michael Bruno che lo elaborò e fu anche Governatore della Banca d'Israele. In questa accezione, il valore aggiunto creato dal progetto è dato dalla differenza tra il valore aggiunto netto dell'intervento (ricavo meno importazioni a prezzi c.i.f.) e il gettito da tasse e tariffe doganali sulle importazioni a cui si rinuncia sostituendole con la produzione dovuta all'intervento. Tali applicazioni (effettuate per anni, oltre che nei Paesi di espressione francese, in Israele ed in alcuni Paesi dell'America Latina) sono poco rilevanti per l'Italia, parte di un'unione monetaria e fortemente integrate nell'economia internazionale. Ciò nonostante, vengono spesso proposte specialmente per interventi a carattere industriale.

L'impiego del valore aggiunto come principale indicatore dell'impatto dell'intervento non vuole necessariamente dire che il valore aggiunto attivato dall'intervento venga utilizzato come criterio di scelta o di ordinamento, ossia che si scelga un intervento che attivi un livello elevato di valore aggiunto o che si possano mettere in graduatoria gli interventi in base al valore aggiunto attivato da ciascuno di essi. In effetti, la *méthode* non fornisce indicazioni precise in materia di criteri di scelta, se non nel caso di alternative tecniche per lo stesso disegno progettuale; in questi casi, implicitamente, l'alternativa da prescegliere è quella che genera maggiore valore aggiunto. Indicatori specifici (quali il rapporto tra valore aggiunto e costo dell'investimento oppure il rapporto tra saldo netto in valuta generato dal progetto e costo in valuta imputabile al progetto) riguardano principalmente le applicazioni in Paesi in via di sviluppo.

In questo senso, la *méthode* si pone come uno strumento utile per facilitare il dialogo tra dirigenti e funzionari ed organi politici, nonché per il *débat public* quando le decisioni su un programma e sui principali progetti che lo compongono, vengono prese in modo centralizzato.

In molti casi la *méthode* può essere un elemento molto utile di comunicazione poiché in Italia e negli altri principali Paesi industriali ad economia di mercato, le scelte assunte sulla spesa pubblica dai Ministeri economici riguardano, di norma, il riparto settoriale ed istituzionale non le decisioni in merito ai singoli interventi.

Oltre alle osservazioni sulla difficoltà di disporre dei dati richiesti per l'applicazione della *méthode*, le critiche a questo approccio alla valutazione economica della spesa sono di due tipologie:

a) l'assunto di base secondo cui il vettore di domanda interna è dato in via esogena ed è indipendente dalla realizzazione o meno dell'intervento e che, di conseguenza, le variazioni di valore aggiunto sono indipendenti dai prezzi interni dei prodotti (o dal prodotto) derivante dal progetto. È un assunto molto restrittivo ed, inoltre, contraddittorio rispetto alla proposta di utilizzare prezzi di mercato e non "prezzi ombra" in quanto ai prezzi di mercato, e non ai "prezzi ombra", reagiscono gli agenti economici determinando "effetti secondari". Infatti, ogni qual volta il progetto incide sulla domanda interna occorrerà raffrontare situazioni in cui i livelli di consumo sono differenti ed occorrerà, quindi, attribuire "prezzi ombra" in tutti i casi in cui i prezzi di mercato non rispecchiano le modifiche dei livelli di consumo;

b) l'utilizzazione del valore aggiunto come principale parametro di valutazione attribuisce un valore molto basso ai fattori primari di produzione (lavoro non qualificato, terreni) favorendo implicitamente chi li utilizza molto intensamente.

Si devono tenere presente questi limiti quando *la méthode* viene utilizzata per la valutazione di progetti "non marginali".

CAPITOLO 7

COMUNICARE LA VALUTAZIONE

7.1 Premessa

Come si è visto nei capitoli precedenti, la valutazione delle politiche di spesa, di programmi e di progetti richiede un'intesa e soprattutto efficace attività di comunicazione. Da un canto, è essenziale rendere gli esiti della valutazione chiari e trasparenti specialmente nell'esporli sia agli organi politici sia all'opinione pubblica. Da un altro, i metodi, le tecniche e le procedure di valutazione richiedono una stretta e frequente interazione con gli *stakeholder* e, quindi, comunicazione con categorie vaste e diversificate. Non sempre i tecnici specializzati in valutazione sono attrezzati in comunicazione. Questo capitolo, da un lato, esplora come la valutazione può essere essa stessa un veicolo importante di comunicazione e, da un altro, delinea le modalità di redigere rapporti di valutazione (ed altri documenti economici) quali sviluppatisi presso la Banca mondiale, il Fondo monetario internazionale e l'Ue.

7.2 Conseguenzialisti e proceduralisti

La valutazione delle politiche, dei programmi e degli interventi di investimento pubblici e privati può essere vista in termini delle conseguenze decisionali che essa comporta oppure come procedura di documentazione integrata per rendere più trasparenti e meglio comunicabili tali decisioni. La valutazione della spesa pubblica come strumento per incidere sulle decisioni è attraversata da anni da un vento di sfiducia, anche a ragione dei pochi risultati di *spending review* spesso prive di metodo.

Politiche che solo qualche anno fa ricevevano il plauso di economisti di varie scuole e tendenze e venivano mostrate, anche sulla stampa internazionale, come esemplari vengono oggi additate come fallimentari (un esempio, è la politica del cambio fisso adottata da alcuni Paesi dell'America Latina e ricordata nel capitolo 1 di questa Guida operativa). Programmi che venivano mostrati come efficaci ed efficienti (si pensi anche ai "piani di rientro" per la finanza pubblica in atto, in varia guisa e nome, in Italia sin dalla fine degli Anni Settanta) vengono rimessi in questione ed hanno comunque solo raramente centrato gli obiettivi enunciati in termini di risultati attesi. Progetti di investimento pubblico anche in campi dove i vincoli tecnologici sono chiari ed evidenti (quali, sempre in Italia, quelli nel settore dell'energia) non raggiungono gli esiti predefiniti. In breve, lo scetticismo che sembra cadere sulla valutazione delle politiche, dei programmi e degli interventi ricorda, in molti modi, il dibattito sulla razionalità dell'impresa, che ha occupato tanta parte della letteratura economica, sia di economia aziendale sia di economia pubblica, e in particolare quella sulla cosiddetta "razionalità limitata". Pure a proposito del metodo più semplice, e più diffuso, di valutazione, ossia dell'Acb codificata e manualizzata sin dagli Anni Settanta e introdotta in gran parte delle amministrazioni dei Paesi industriali a economia di mercato (nonché dalle maggiori istituzioni internazionali), viene messa in dubbio la "fattibilità" e la "credibilità" .

La critica alla "razionalità intenzionale" del processo di valutazione delle politiche, dei programmi e dei progetti d'intervento pubblico trascura che la valutazione merita di essere considerata non tanto per le sue conseguenze in termini di accettazione e rigetto della singola politica, del singolo programma e del singolo intervento, ma in quanto una "procedura" che, tramite un sistema organico di documentazione e di produzione di informazioni, mette ordine nel caos inarticolato delle proposte dei soggetti interessati (gli *stakeholder*). In assenza del rigore unificante del modello razionale proposto dalla metodologia economica, amministrazioni e *stakeholder* in generale sarebbero ineluttabilmente preda dell'improvvisazione e del gioco degli interessi contrapposti. Da un lato, politiche, programmi e progetti oggi additati come fallimentari (e ieri esaltati come risolutivi), lo sarebbero ancora di più; da un altro, l'eccessiva enfasi sui loro meriti (ieri) e sui loro difetti (oggi) è anche esito di un'attività non efficace di comunicazione della valutazione.

Lo illustrava eloquentemente già John Hansen alla fine degli Anni Settanta in una Guida operativa dell'Unido all'Acb molto utile e che ha avuto, all'epoca, una diffusione vasta specialmente in Paesi in via di sviluppo; è stata incorporata anche nei primi manuali sulla valutazione economica prodotti in seno alla Pa italiana. Il dibattito non solo tra economisti ma anche tra sociologi e politologi, sulla valutazione economica in generale e sull'Acb in particolare tende a riflettere, per le sue implicazioni prescrittive, la contrapposizione, più propria delle discipline etico-giuridiche, tra "conseguenzialisti" e "proceduralisti". Nel caso della valutazione delle politiche e dei progetti, i "conseguenzialisti", pur apprezzando il valore cognitivo (quindi, informativo) delle procedure di valutazione, ritengono che gli strumenti matematico-statistici utilizzati e la stessa teoria economica, posti di fronte alla complessità del reale, siano impotenti nell'immaginare e, ancor più, nel quantizzare le conseguenze di interventi in modo sufficientemente attendibile da permetterne una valutazione. L'impotenza viene avvertita ancora di più nel caso della valutazione delle politiche e dei programmi poiché sia le prime sia le seconde hanno di norma contorni e contenuti molto meno chiaramente definiti di quelli di singoli progetti specialmente quando si è alle prese con investimenti fisici, determinati da vincoli tecnici. I "proceduralisti", d'altro canto, nel tradurre in procedure operative i principi teorici della economia del benessere, tendono ad ignorare le difficoltà pratiche che la "fattibilità" e la "credibilità" delle metodologie poste in essere creano ai "conseguenzialisti".

Leggere i metodi, le tecniche e le procedure di valutazione come uno strumento di informazione e di comunicazione altro non è che dare corpo e valenza alla funzione proceduralista della valutazione, accentuarne il significato come strumento di documentazione integrata per giungere a pareri condivisi tra gli *stakeholder*, e ad azioni collettive, nell'ambito di una comunità che ne ha in comune la conoscenza di metodi, tecniche e soprattutto procedure e linguaggio (lessico) della valutazione.

7.3 Procedura di valutazione come approccio sistematico all'informazione

C'è più di un parallelo tra le procedure in genere intese come approccio sistematico all'informazione di valutazione in altre professioni con le procedure di valutazione economica per l'allestimento di politiche, programmi e progetti. Paralleli evidenti ci sono con la professione maggiormente diretta alla produzione di informazioni: quella giornalistica.

Così come l'Acb tradizionale prevede un percorso sistematico di documentazione tecnica, istituzionale, finanziaria, economica (quale riassunto nei capitoli precedenti di questa *Guida operativa*) per giungere, tramite un "ciclo del progetto" ben definito oppure nelle versioni più moderne (vedi capitolo 5), a una "sequenza progettuale" densa di varianti, ed a indicatori sintetici di valore progettuale, la professione giornalistica contempla un percorso anch'esso sistematico per giungere alle *news* che, specialmente nel giornalismo d'inchiesta, possono essere lette come indicatori sintetici di un lungo lavoro di documentazione a monte.

Un esempio, tra i tanti, è il percorso procedurale adottato dal giornalismo americano di qualità e descritto nel saggio di Bernstein e Woodward sull'inchiesta sul "caso Watergate" che portò alle dimissioni del Presidente Richard Nixon: il percorso procedurale-valutativo viene descritto con ricchezza di dati nei capitoli del libro in cui i due (allora) giovani giornalisti (e autori del volume) si devono confrontare con un rigoroso processo di *review* interna per iniziare l'inchiesta; in altri capitoli si ritorna alla procedura di *review*, al tempo stesso critica e sistematica, per proseguire l'indagine che ha portato alla *news*. Per una verifica, contro fattuale, sempre nel campo del giornalismo, si vedano le vicende che solo pochi anni fa, hanno travolto la Bbc per essere giunti a *news* (indicatori sintetici di valore progettuale) senza avere seguito l'appropriata procedura di documentazione sistematica.

Non è solo nel giornalismo d'inchiesta ma anche nella costruzione e selezione di *news* (ossia dell'elemento fondante di base dell'informazione giornalistica) che si deve seguire una rigorosa procedura di valutazione (con appropriati parametri di valutazione) e di selezione (con pertinenti criteri di scelta). A tale riguardo merita attenzione anche l'analisi della differenza di procedure di valutazione e di criteri di selezione delle *news* nei diversi mezzi di informazione. In alcuni studi recenti vengono analizzate le regole e i vincoli informali applicati come procedure di valutazione e di selezione nel caso di un evento di grande rilievo, come il passaggio dalle monete nazionali (in specie la lira) all'euro ed i suoi effetti sui prezzi. Per la copertura di una *news* così importante si prendano in considerazione solo i media principali: televisione (e radio) e carta stampata. La televisione da sola riesce a raggiungere, nell'ora di massimo ascolto, punte di 16 milioni di ascoltatori, dato che si ricava dalla somma degli ascolti delle edizioni principali, e trasmesse in contemporanea dalle 20 alle 20 e 30, di Tg1 e Tg5. Con le altre edizioni il numero dei contatti diventa ancora più alto. Le tirature complessive di giornali e settimanali non sono così alte, ma la loro capacità di lasciare traccia nel dibattito politico e negli orientamenti dell'opinione pubblica può essere anche maggiore. In ogni caso, solo le campagne giornalistiche capaci di durare nel tempo assumono rilievo ai fini dello studio citato.

Informazione televisiva e carta stampata seguono, al loro interno, procedure di valutazione e criteri di selezione completamente diversi. La televisione è ancorata al modello generalista. Significa che, pur con qualche orientamento leggermente differente, tutti i sette canali principali puntano, in principio, ad ottenere il massimo degli ascolti. All'interno delle due grandi aggregazioni, Rai e Mediaset, possono esserci strategie che puntano a

contenere l'ascolto di una determinata rete entro gli obiettivi otti-
mali dettati dai contratti pubblicitari (quindi paradossalmente può
darsi che si scelga di non superare certi risultati di ascolto), ma
sono scelte che non influenzano nel modo più assoluto i comportamenti e le strategie delle singole reti in materia di valutazione e
selezione delle *news*. Per chiarire meglio, l'azienda che controlla
le reti può decidere di conferire minori mezzi a una delle sue reti
in determinati orari per non danneggiare altre produzioni sulle
quali si punta molto, ma scelte di questo genere non implicano
né che chi riceve tali mezzi ridotti debba limitare il suo impegno per fare il massimo di ascolti né che l'ascolto aggregato delle
reti aziendali debba ridursi. Anzi, proprio avendo a disposizione
mezzi limitati dovrà aumentare lo sforzo per ottenere il massimo
ascolto. In secondo luogo, la televisione italiana resta inserita nel
modello tradizionale, in cui l'offerta è rigida, predeterminata e
non fruibile al di fuori degli orari stabiliti. L'ascoltatore non può
decidere a che ora seguire quel dato programma. Si sta, però, dif-
fondendo la televisione *on-demand*, nella quale si sceglie da un
pacchetto di offerte quella che più aggrada. Nell'informazione a
prevalere è ancora il modello di telegiornale tradizionale come è
stato impostato negli Anni Novanta e comunque l'informazione
televisiva e quella radiofonica restano ben dentro a tutti i vincoli
della televisione generalista. Anche per l'informazione *all-news*,
in continuo, inventata per superare il vincolo dell'orario rigido e
per abbandonare la convivenza forzata con il resto della televisione generalista, l'impatto può ancora dirsi limitato.

Ciò ha un effetto determinante su valutazione e selezione delle
news: agiscono tre vincoli, quello dell'orario, quello dell'irreversibilità e quello del generalismo. Tali vincoli sono alla base dei
parametri di valutazione e dei criteri di selezione delle *news* e
caratterizzano, in modo molto marcato, l'informazione televisiva.
Il vincolo dell'orario fa sì che i telegiornali, tranne le edizioni
straordinarie (tipicamente causate da un evento che ha di per sé
la forza di imporsi all'attenzione), siano, nelle loro edizioni principali, sempre in onda nello stesso momento della giornata. Non

c'è alcuna possibilità di rinvio, la regola è ferrea. L'irreversibilità determina, invece, che l'informazione televisiva possa raggiungere i suoi ascoltatori solo nella direzione predeterminata. Non è possibile cominciare dalla fine del telegiornale e non è possibile saltarne alcuna parte. Il flusso delle *news* è proposto in un ordine e quell'ordine non si più cambiare. Infine il generalismo è la regola della rete che ospita il telegiornale. Perciò anche la scelta delle *news* deve rispettare tale obiettivo di fondo e commisurare la valutazione e selezione agli interessi di una quantità di persone il più variegata possibile, secondo località di residenza, età, reddito, ricchezza, istruzione, lavoro, ecc. Dati i tre vincoli appena elencati, l'obiettivo di chi determina le scalette dei telegiornali (in primis il direttore, con il supporto dei capiredattori e della redazione) non può logicamente essere quello di massimizzare l'interesse di ciascun ascoltatore. Si deve quindi operare, come nell'analisi costi efficacia, con l'obiettivo della minimizzazione dell'insoddisfazione (o, se preferite, il fastidio, la repulsione, l'antipatia) che ciascuna notizia crea in un qualunque gruppo di ascoltatori e perfino nel singolo ascoltatore. "Minimizzare il fastidio" di gruppi al margine per interessi, fascia di età, orientamento politico-sociale (e non spingerli a premere il telecomando e a cambiare canale) diventa la Fbs alla cui luce valutare e selezionare le *news*. Il reciproco della "minimizzazione del fastidio" è la punta degli ascolti (indicatore sintetico di valore progettuale) quale rivelata dagli appositi servizi specializzati. Uno studio degli effetti sui prezzi nella transizione dalla lira all'euro mette in rilievo che nella curva degli ascolti rilevati ogni minuto per l'edizione principale del Tg5 si trovano ai valori massimi tutti i servizi nei quali si parla di prezzi, legando la questione più o meno espressamente all'euro. Un altro indicatore sintetico di valore progettuale è la grande quantità di messaggi che dal 2002 sono arrivati sul sito interattivo del Tg5, dove l'accesso è del tutto libero, a proposito di transizione all'euro e prezzi.

Differenti i parametri di valutazione e i criteri di scelta a cui si attengono i quotidiani e, ancor più, i settimanali, della carta stampata. Se l'informazione televisiva (e la radio) deve minimizzare quello che abbiamo definito fastidio dei gruppi al margine, l'informazione su carta stampata deve invece cercare il massimo del consenso proprio di questi gruppi. Gli obiettivi di massimizzazione e quindi i vincoli sono differenti. Non c'è quello dell'irreversibilità, è molto limitato quello dell'orario. Il generalismo da vincolo si trasforma in ricca opportunità. Un quotidiano si caratterizza rispetto a un altro non tanto per la capacità di fornire il flusso delle maggiori informazioni rilevanti (che comunque ci deve essere), ma per la capacità di offrire le storie che possono catturare gruppi ben definiti, per piccoli che siano. Si lotta per conquistare il lettore marginale, non per colpire il bersaglio grosso. Anche nell'individuazione e nella presentazione delle storie di maggiore impatto, dove, insomma, non si cerca di soddisfare interessi marginali, ma si punta a quantità maggioritarie dei lettori (nella gran parte delle volte per la copertura di storie che si impongono da sole per la loro forza, come, ad esempio, una campagna elettorale o un gravissimo attentato o una guerra), il lavoro giornalistico della carta stampata comporterà un rapido ossequio alle *news* fondamentali e andrà invece a cercare diverse angolature, diversi tagli, diversi aspetti della stessa vicenda.

L'analisi della valutazione e della selezione delle *news* che abbiamo visto si integra e si completa con i risultati di recenti lavori sul mercato delle informazioni in cui si analizzano gli effetti del mercato concorrenziale e dell'eterogeneità dei lettori sull'orientamento dei giornali e dell'informazione radiofonica e televisiva. L'assunto di molta analisi economica è che la concorrenza tenda a rendere più accurata l'informazione a causa della domanda di qualità che arriva dal "lettore razionale". Tuttavia, nel mercato dei mezzi di informazione, nel mercato delle *news,* ha molto più rilievo l'effetto dovuto all'eterogeneità del pubblico dei lettori assieme alla propensione a leggere e voler leggere articoli che confermino i propri orientamenti. "La concorrenza tra mezzi di informazione che perseguono il massimo ritorno economico" – si chiedono gli autori – "elimina la tendenza dei giornali ad avere un orientamento?"". La risposta è un secco no. "Forze molto efficienti spingono gli operatori dell'informazioni ad abbellire o comunque modificare le *news* e ad aumentare l'orientamento del loro giornale invece di ridurre la confusione. La determinante cruciale dell'accuratezza non è la concorrenza per sé ma la varietà del pubblico dei lettori". I parametri di valutazione, i criteri di scelta, le tecniche e le procedure attuate, a questi fini, nella prassi delle redazioni delle televisioni e della stampa riflettono a pieno questa conclusione.

Facciamo un cenno ad altri campi. Tra i numerosi possiamo prenderne alcuni dal settore dell'analisi politica. Sono descritti in modo brillante da un ex-diplomatico diventato saggista e romanziere, Roger Peyrefitte, in due libri autobiografici che all'epoca destarono anche un certo scalpore: la sera della dichiarazione di guerra della Germania alla Francia, l'Ambasciatore di Parigi a Atene, non avendo seguito normali procedure di documentazione sistematica e non essendo quindi arrivato all'informazione (l'indicatore sintetico di valore progettuale), si presentò bellamente a cena dall'Ambasciatore del Reich (con cui la Francia non aveva più relazioni diplomatiche) creando confusione nella comunità diplomatica presente nel Regno di Grecia; durante l'occupazione tedesca, sospese di fatto le procedure di documentazione sistematica, il Quai d'Orsay viveva nel vero e proprio caos all'inseguimento dell'irrilevante. Amaro e apodittico, un socio-economista francese che ha avuto nella sua carriera di *grand commis* ruoli di rilievo in Europa: passando in rassegna l'evoluzione del concetto di proprietà, fondamento dell'economia di mercato dalla pre-istoria ai giorni nostri, ne rinviene il *fil rouge* proprio nelle procedure sistematiche di documentazione ed informazione. Procedure che possono, nei singoli casi o aspetti, dare luogo a "strappi" o a "errori" – a "conseguenze" differenti da quelle che si sarebbero intese ed attese – ma che proprio in quanto procedure di informazione (con i loro bravi e belli indicatori sintetici, dalle strette di mano, ai contratti, ai bolli notarili) rendono possibile raggiungere valutazioni essenziali al funzionamento del mercato, e al viver civile.

L'Acb e l'analisi costi efficacia (o della minimizzazione dei costi) sono caratterizzate da indicatori sintetici di valore progettuale. I più correnti sono il Van e il Sir, come si è visto al capitolo 3. Tali indicatori esprimono il valore di un intervento quale che sia il campo dell'analisi – finanziario, fiscale, economico e politico: cambiano le voci di calcolo, i prezzi, il numerario ma la procedura di documentazione sistematica e di analisi è essenzialmente la stessa.

7.4 Gli indicatori sintetici di valore progettuale come strumento di informazione e di comunicazione

Il Van e il Sir sono gli indicatori di più frequente impiego nell'analisi della spesa pubblica a partire dall'Acb impiegata per effettuarne la relativa valutazione. Come è noto, essi sono dicotomici nel senso che consentono solo un test di accettazione o di rigetto; non possono essere utilizzati per effettuare graduatorie di politiche, programmi e progetti. Si possono applicare, poi, solo a politiche, programmi e progetti "marginali", ossia tali da non incidere sulla struttura di produzione di un'economia.

Entro questi limiti, gli indicatori sintetici di valore progettuale esprimono le punte di *iceberg* molto complesse (le procedure di analisi e di documentazione sistematica ad esse sottostanti) ma, nell'ambito della comunità di chi opera nel settore della valutazione, specialmente della valutazione economica e finanziaria, sono uno strumento eloquente di informazione e di comunicazione. Se si è in un contesto proceduralista e le procedure di documentazione sistematica e di analisi finanziaria o economica vengono seguite in modo uniforme, spesso è sufficiente fare riferimento all'indicatore sintetico (senza presentare la documentazione e l'analisi ad esso sottostante) per informare, comunicare ed esprimere se il test di accettazione o rigetto è stato superato.

Questa caratteristica ha accompagnato gli indicatori sintetici di valore progettuale man mano che il concetto stesso di progetto è mutato. Senza necessariamente andare alle prime formulazione degli indicatori di valore progettuale in un contesto proceduralista quali quelle della metà dell'Ottocento, già nella prima Guida operativa emanata da un'amministrazione pubblica, il *Green Book* del Genio civile americano, gli indicatori di valore progettuale (soprattutto il Sir) vengono utilizzati come strumento per informare e comunicare non solo all'interno dell'amministrazione federale che le ha prodotte ma tra varie amministrazioni e varie livelli di governo (Stati dell'unione, contee, città). Siamo in un periodo in cui per intervento si intende principalmente investimento in capitale fisico; come suggeriscono altre Guide operative emanate successivamente in seno all'amministrazione Usa, gli indicatori vengono utilizzati oltre che come test sintetico di accettazione o rigetto anche come primo strumento per indicare se altri aspetti dell'analisi (soprattutto l'analisi tecnica) è stata svolta in modo soddisfacente; ad esempio, per progetti di strade, un Sir molto basso, ai limiti del saggio di soglia preso come riferimento, viene impiegato come segnale che gli ingegneri devono rivisitare aspetti come lo spessore del manto o la larghezza della strada proposta alla luce della capacità di carico e dei pertinenti risparmi agli utenti che da essa ci si propone di ottenere.

Quando, a partire dagli Anni Settanta e grazie alla manualistica Ocse, Unido e Banca mondiale, l'intervento (sia esso una solo lotto funzionale o un programma di più lotti funzionali tra loro integrati) viene visto non più come un investimento in capitale fisico ma come un'operazione o intervento di politica economica, gli indicatori di valore progettuale diventano uno strumento di comunicazione ancora più ricco. Le procedure allora elaborate, e sostanzialmente ancora in uso, danno rilievo alla distribuzione intertemporale ed interpersonale del reddito ed alla sua suddivisione tra risparmi e consumi per varie classi o categorie di percettori di reddito (o di consumatori), gli *stakeholder*. L'*iceberg* sottostante l'indicatore diventa molto più complesso anche in quanto, per meglio valutare il progetto alla luce degli obiettivi di politica economica di crescita e distribuzione dei redditi, si fa uso

di "pesi variabili", ossia di ponderazione che variano al variare
degli obiettivi.

È interessante notare che il primo (in ordine di tempo) dei
manuali che hanno trasformato l'analisi economica dei progetti
impiega l'artificio dell'informazione, della comunicazione e del
dialogo nell'ultimo capitolo, quello in cui "si tirano le somme" tra
"conflitto e scelta". La materia viene trattata con la penna brillante di un giornalista: dal dialogo tra "programmatore" e "Ministro
dell'industria" (in effetti, una lunga e ben articolata intervista) gli
indicatori sintetici ed i "pesi variabili" vengono utilizzati per stanare gli obiettivi effettivi del politico che, di fronte al suo stesso
dirigente tecnico di più alto livello, vorrebbe tenerli opachi. Solo
chiarendoli tramite la comprensione di indicatori e "pesi variabili"
il processo di formulazione e valutazione dei progetti – nel caso
in questione una cartiera ed un'acciaieria – ne risulta migliorato
"quale che sia la linea di condotta adottata dal Ministro". "Ma
per realizzare l'obiettivo di limitare la gamma delle combinazioni
possibili dei parametri a un'area abbastanza piccola da ridursi a
un punto è necessario che i tecnici abbiamo l'abilità necessaria
perché la discussione si concentri su progetti di fatto confrontabili
in termini di misure di benessere. Va da sé ovviamente che minore
è il numero di queste misure, più veloce sarà il dialogo".

L'artificio dell'informazione, della comunicazione e del dialogo viene ripreso in molti lavori sulla valutazione di piani, programmi e progetti, anche da coloro che non utilizzano l'Acb e
devono, quindi, fare ricorso ad una gamma di indicatori più complessa. All'inizio degli Anni Novanta, un manuale dell'Organizzazione internazionale del lavoro è interamente presentato sotto forma di commedia in cinque scene in cui 15 personaggi (gli
esponenti degli *stakeholder*) cercano di mettere a punto un piano
per progetti entro una scadenza specifica ed hanno come solo o
principali strumento di comunicazione una gamma di indicatori
di valore progettuale. Il gioco si fa più complesso per varie ragioni: i) in primo luogo, non si è alle prese con un singolo progetto
di infrastruttura o di industria manifatturiera, ma con un program-

ma di progetti di formazione professionale (tali per loro natura di dare vita a prodotti intermedi, i "corsisti formati", non finali); ii) non si tratta, quindi, solo di un test di accettazione o rigetto ma della necessità di ordinare progetti in base a priorità e vincoli, utilizzando, oltre agli indicatori sintetici dell'analisi costi benefici e costi efficacia, anche indicatori fisici e tecnici; iii) il dialogo non è unicamente tra il tecnico ed il politico, con il primo intento a stanare il secondo, il quale, invece, utilizza il dialogo e gli indicatori per chiarirsi le idee; iv) i 15 personaggi rappresentano, oltre al tecnico ed al politico, *stakeholder* legittimamente interessati, a vario titolo, al programma (le autonomie regionali, le scuole private commerciali, le scuole no profit d'ispirazione confessionale, l'assistenza tecnica internazionale). Ancora una volta dall'informazione, dalla comunicazione e dal dialogo basato su indicatori si giunge ad una struttura di programma in cui tutte le parti in causa si riconoscono e da tutte, in varia misura, condivisa. È un procedimento ormai diventato procedura nell'analisi di impatto della regolazione (Air) quale introdotta in Italia.

Vediamo, infine, la valutazione come informazione e comunicazione nella definizione più recente del concetto di intervento: non solo in quanto investimento in capitale fisico e neanche unicamente strumento di politica economica o di spesa di parte corrente, ma anche come "opportunità" che apre e chiude altre opportunità per differenti categorie di *stakeholder*, pur restando strumento di politica economica e in molti casi pure investimento in capitale fisico. Ciò comporta estendere la valutazione alle "opzioni" per tenere conto degli aspetti dinamici dell'incertezza medesima. Gli stessi indicatori di valore progettuale si ampliano o meglio "si estendono"; nel nuovo gergo della valutazione estesa alle opzioni reali si parla di Vanes per distinguerlo dal tradizionale Van.

La valenza della valutazione, e dei suoi indicatori, come informazione e comunicazione merita di essere accentuata. In primo luogo, solamente tramite l'informazione, la comunicazione e il dialogo tra *stakeholder* è possibile ricavare una Fbs "oggettiva"

dalle "opzioni" (di "creazione" e di "distruzione" di opportunità)
che l'intervento comporta per gli interessati, invece di lasciarla
alla visione soggettiva del valutatore oppure di restare nel dilemma, tra "credibilità" e "fattibilità". Inoltre, la metodologia è particolarmente adatta al supporto di decisioni in un quadro istituzionale fortemente marcato da devoluzione e tale quindi da richiede-
re informazione e comunicazione (tramite gli indicatori di valore
progettuale) sia orizzontale sia verticale tra differenti tipologie e
livelli di governo. Grazie all'informazione e alla comunicazione
(tramite gli indicatori), si risolvono, quindi, i tre problemi centrali
della valutazione economica: i) la definizione degli obiettivi e dei
"parametri" e prezzi "ombra" a essi afferenti; ii) l'incertezza; e
iii) il livello di governo per le decisioni.

Sempre in materia di indicatori, il nuovo ciclo di programmazione comunitaria 2014-20 ne ha introdotto anche una valenza
strategica all'analisi e avanzamento degli interventi previsti nei
vari Programmi operativi. Vi è un'altra categoria di indicatori,
differenti per modalità di calcolo e impiego rispetto a quelli tipici
dell'Acb di cui sopra, associati a specifici valori iniziali e rappresentativi di uno specifico contesto settoriale, a cui corrispondono valori target a cui gli stessi si dovranno allineare entro la
fine del periodo di programmazione. Questi indicatori, noti come
indicatori di risultato, di output e di avanzamento della spesa
effettivamente realizzata, consentono di tracciare un sistema di
monitoraggio e valutazione sintetica in associazione alle specifiche *proxy* adeguate al settore (cd. Obiettivo tematico e priorità di
investimento) e rappresentano, a loro volta, anche un idoneo strumento di comunicazione degli obiettivi che in partenza la *policy*
si pone (identificati nei valori *baseline* iniziali) e tendenzialmente
intende raggiungere (cd. valori *target*).

7.5 Il ruolo dei documenti di valutazione e la loro redazione

I documenti giuridici stabiliscono le regole o verificano l'aderenza dell'azione pubblica alle norme (legge); i documenti econo-

mici, invece, analizzano una situazione (politica economica positiva) o formulano una politica (politica economica normativa) secondo criteri di efficacia (realizzazione degli obiettivi), efficienza (rapporto tra risultati e mezzi impiegati), performance (combinazione dei criteri precedenti).

Nel capitolo 2 si sono passati in rassegna i principali documenti economici dell'Italia; nel nostro Paese si è giunti ad una standardizzazione di presentazione di documenti come il Def ma non ancora dei rapporti e documenti di valutazione – con l'eccezione di quelli effettuati per conto delle istituzioni dell'Ue che devono seguire regole redazionali Ue.

Nelle organizzazioni internazionali, i documenti economici sono redatti più frequentemente di quelli giuridici ed hanno maggior rilievo di questi ultimi. Le determinanti storico/culturali sono numerose. La loro origine risiede, in gran misura (anche a ragione del ruolo degli Stati Uniti nella creazione e nella gestione delle istituzioni finanziarie internazionali) nel processo di razionalizzazione delle politiche pubbliche (l'utilizzo di tecniche analitiche di supporto alla decisione), iniziato negli Usa negli Anni Cinquanta/Sessanta. Tale processo aveva l'obiettivo di permettere a comparti della Pa la condivisione della comprensione di problemi complessi, di facilitare la programmazione ed il coordinamento delle politiche pubbliche, per la progressiva autonomia di funzioni come il *budgeting*, la programmazione e la valutazione e la conseguente progressiva estensione alle organizzazioni internazionali. La redazione di testi, secondo tecniche efficaci di scrittura, è stata considerata elemento essenziale in questo processo di razionalizzazione poiché la tecnica di scrittura riflette il ragionamento economico utilizzato. A sua volta, essa dipende dalla natura del documento (ruolo nel processo di decisione) e dei destinatari. Chi ha lavorato per anni in istituzioni ed organizzazioni internazionali sa che le difficoltà di stesura di un documento di valutazione hanno raramente a che vedere con la conoscenza della lingua di lavoro ma quasi sempre con la chiarezza del pensiero economico (e valutativo più in generale) sottostante e con la dimestichezza con le regole redazionali dell'istituzione od organizzazione, spesso arricchite da prassi anche quando codificate.

Nel redigere un testo economico ci si pongono due domande fondamentali: i) quale è il problema economico da affrontare? (utilizzazione di indicatori, es. tassi di crescita, disoccupazione); ii) quali sono i rimedi a detto problema? (utilizzazione di modelli economici, della letteratura economica, di dati comparati con altre esperienze). Quindi, lo sviluppo del ragionamento fa perno sulla: i) identificazione del problema; ii) identificazione delle determinanti; iii) identificazione di una soluzione o di più soluzioni alternative.

La base del ragionamento economico consiste nella formulazione degli obiettivi, nella definizione dei criteri di misurazione del progresso verso il conseguimento degli obiettivi medesimi, nel confronto tra la situazione "senza l'intervento" e la situazione "con l'intervento" (tramite quadro logico, *Swot,* Acb, Acbes alle "opzioni reali") per giungere alla selezione dell'alternativa da attuare. Questo schema si applica in vario modo a tutti i documenti economici redatti per coadiuvare un processo decisionale. Le variazioni dipendono dalla vasta gamma dei processi decisionali e delle funzioni dei documenti in ciascun processo.

Nell'informare su una situazione o analizzarla, si deve distinguere tra la funzione di illustrazione di elementi fattuali, di un fenomeno, di uno strumento e quella di analizzare i risultati (attesi o conseguiti) di una politica, di un programma, di un progetto. Ci sono anche distinzioni di forma: se si intende redigere un documento di ricerca o di politica economica oppure una valutazione di programma o progetto e se il documento è diretto all'interno o all'esterno dell'amministrazione/istituzione. A ciascuna di queste funzioni corrispondono tecniche di scrittura specifiche.

Nell'aiutare la decisione, l'obiettivo specifico può essere o quello di dare un fondamento razionale alla decisione con fatti e numeri o quello di proporre suggerimenti concreti per la soluzione di un problema. Il documento è, di norma, diretto all'interno dell'organizzazione/istituzione. Le tecniche di scrittura pongono l'accento su la descrizione dettagliata del nodo da affrontare, riferimenti ad evidenza empirica, raffronti internazionali, suggerimenti e proposte.

I documenti per comunicare sono di solito rivolti all'esterno dell'amministrazione/istituzione e hanno come obiettivo specifico quello di rendere trasparenti decisioni/valutazioni, nonché di rendere conto del proprio lavoro (dell'aderenza a metodologie, tecniche, procedure e prassi). Le tecniche di scrittura pongono enfasi su punti brevi e concisi e, dunque, sulla semplificazione dell'argomento.

In pratica, ci sono molti documenti di valutazione che coniugano, in varia misura, queste tre funzioni. In questi casi è molto importante sapere chi sono gli utilizzatori: un gruppo ristretto di persone già a conoscenza del testo (come gli *stakeholder*), un gruppo vasto. Nonché quali utilizzazione si intende ne facciano: coadiuvare il processo decisionale, giungere ad una condivisione di alcuni elementi chiave della strategia, costruire il consenso.

La Commissione europea, nei suoi regolamenti che istituiscono i Fondi Sie, impone ai beneficiari dei vari Programmi operativi l'obbligo di redigere ciascuno un Piano di valutazione sulla base di precise regole che prevedono a loro volta rigidi strumenti di analisi e modalità operative, nonché idonei strumenti necessari alla comunicazione dei risultati ottenuti dalle valutazioni condotte.

7.6 Tecniche per la redazione di documenti

7.6.1 Premessa

Di particolare rilievo, per questa *Guida operativa*, sono le tecniche richieste per la redazione dei documenti delle istituzioni europee: normativa *International Organization for Standardization* (Iso) per i testi professionali in termini di titolazione, definizione dei paragrafi, punteggiatura, inclusione di riquadri (o box), ecc. I dettagli di tale normativa vengono periodicamente aggiornati. Lo schema generale, tuttavia, è adottato anche per la pubblicazione di testi da parte della Sspa secondo lo schema indicato nei paragrafi seguenti:

7.6.2 Struttura dell'interno del documento

- Sommario (particolareggiato fino alla sequenza dei paragrafi ed alla collocazione delle bibliografie)
- Eventuale premessa o prefazione
- Contributori: nome, cognome, qualifica professionale e tratto essenziale della professionalità
- Per ciascuna parte: i) introduzione alla parte; ii) capitolo; iii) paragrafi numerati in sequenza generale e titolati; iv) bibliografia generale della parte, con specificazione per i singoli capitoli; v) note a piè di pagina annunciate con numerazione sequenziale per ciascun capitolo esposte in apice.

7.6.3 Riferimenti bibliografici

Ciascun riferimento bibliografico utilizza gli stili indicati negli esempi seguenti:
- Citazione di volumi
Negri G., (1995) *Il quadro costituzionale. Tempi e istituti della libertà*, Giuffrè, Roma
- Citazione di saggi contenuti in volumi collettanei
Negri G., (1969) *L'opera di Giovanni Conti alla Costituente*, in AA.VV. "Studi per il ventesimo anniversario dell'Assemblea Costituente. 1. La Costituzione e la democrazia italiana", Vallecchi Editore, Firenze
- Citazione di articoli e saggi contenuti in giornali e riviste
Negri G., (1968) "Crisi o assestamento del sistema politico statunitense? In margine alle recenti elezioni presidenziali", in *Studi parlamentari e di politica costituzionale*, n. 2, 1968

7.6.4 Struttura della copertina

- Titolo del documento;
- Eventuale sottotitolo;
- Nome/i per esteso e cognome/i del/i curatore/i;
- Nomi per esteso e cognomi degli eventuali collaboratori.

7.6.5 Tabelle e grafici

Ogni tabella deve essere composta con fili chiari e semplici (non doppi). Nella formattazione della tabella – ove non si impieghino fili di divisione delle colonne – deve farsi uso del tasto di tabulazione e non della barra spaziatrice. Ogni grafico deve essere realizzato in nero, facendo uso di mezze tinte e retini per distinguere le varie componenti.

È essenziale seguire la tecnica di scrittura dell'istituzione sin dalla redazione della prima bozza del documento di valutazione in quanto cercare di adattare un testo alle regole redazionali in un secondo e terzo momento non solamente è poco efficiente e poco efficace ma comporta di solito notevoli complicazioni.

LISTA ABBREVIAZIONI

Acb	Analisi costi benefici
Acbes	Analisi costi benefici estesa
Air	Analisi di impatto della regolazione
Aiv	Associazione italiana di valutazione
Amc	Analisi multicriterio
Anac	Autorità nazionale anticorruzione
Asl	Azienda sanitaria locale
Bce	Banca centrale europea
Cbo	*Congressional Budget Office*
Cdp	Cassa depositi e prestiti
Ce	Commissione europea
c.i.f	*Cost, insurance and freight*
Cis	Contratti istituzionali di sviluppo
Cope	*Central office for project evaluation*
Def	Documento di economia e finanza
D.lgs.	Decreto legislativo
Dpef	Documento di programmazione economica e finanziaria
Dvb-T	*Digital video broadcasting - Terrestrial*
Fai	Fondo aiuti italiani
Fbs	Funzione di benessere sociale
f.o.b.	*Free on board*
Fub	Fondazione Ugo Bordoni
Itc	*Information and communitation technology*
Ifi	Istituzioni finanziarie internazionali
Inps	Istituto nazionale di previdenza sociale
Ire	Imposta sul reddito
Isfol	Istituto per la formazione dei lavoratori
Iso	*International Organization for Standardization*
Istat	Istituto Nazionale di Statistica
Iva	Imposta sul valore aggiunto
Mef	Ministero dell'economia e delle finanze
Ndcs	*Notional defined contribution system*
Ocse	Organizzazione per la cooperazione e lo sviluppo economico
Omb	*Office of management and budget*
Pa	Pubblica amministrazione
Pil	Prodotto interno lordo
Pmi	Piccole medie imprese
Ql	Quadro logico, anche *Logical Framework (Logframe)*
Rai	Radiotelevisione italiana
Rbca	Rapporto benefici-costi attualizzati
Rgs	Ragioneria generale dello stato
Rgse	Relazione generale sulla situazione economica del paese
Riv	Rassegna italiana di valutazione
Roe	Tasso di redditività del capitale proprio o *Return on equity*
Roi	Tasso di redditività contabile o *Return on investment*
Rpp	Relazione revisionale e programmatica
Sace	Servizi assicurativi del commercio estero
Sam	*Social accounting matrix,* anche Matrice di contabilità sociale
Scba	*Social cost of benefit analysis*

Sco	Saggio di cambio ombra
Sdf	Studio di fattibilità
Seo	Strategia europea per l'occupazione
Sir	Saggio di interno rendimento
Sna	Scuola nazionale di amministrazione
Sso	Saggio di salario ombra
Sspa	Scuola superiore della pubblica amministrazione (oggi Sna)
Sss	Saggio di sconto sociale
Swot	*Strengths* (punti di forza), *Weaknesses* (punti di debolezza), *Opportunities* (opportunità) e *Threats* (Minacce)
Tav	Trasporto alta velocità
Ten	*Trans european networks*
Tfr	Trattamento fine rapporto
Ue	Unione europea
Unido	Organizzazione delle Nazioni unite per lo sviluppo industriale
Upb	Ufficio parlamentare di bilancio
Uval	Ex Unità di valutazione degli investimenti pubblici, Ministero dello sviluppo economico
Van	Valore attuale netto
Vanes	Valore attuale netto esteso
Vi	Valutazione di impatto
Wefa	*Wharton Econometrics Forecasting Associates*

BIBLIOGRAFIA DI RIFERIMENTO

Adler M., Posner E. (2006), *New Foundation of Cost – Benefit Analysis* Harvard University Press, Cambridge (Ma)

Bassanini F., Pennisi G., Reviglio E. (2015), "Development Banks from the financial and economic crisis to sustainable growth" in P. Garonna and E. Reviglio (eds) *Investing in Long-Term Europe- Re-launching Fixed, Network and Social Infrastructure*, Luiss University Press, Roma

Bezzi C. e altri (2006), *Valutazione in azione - Lezioni apprese da casi concreti,* Franco Angeli, Milano

Chervel M. (1995), *L'évaluation économique des projets: Calculs économiques publics et planification,* PubliSud, Parigi

Commissione Europea (2014), *Guide to Cost-benefit Analysis of Investment Projects. Economic Appraisal tool for Cohesion Policy 2014-2020,* Bruxelles

Garonna P. (2015), *The Costs and Benefits of Financial Regulations,* Luiss University Press, Roma

Fanciullacci D., Guelfi C., Pennisi G. (1991), *Valutare lo Sviluppo, F.* Angeli, Milano

Florio M. (2001), *La Valutazione Economica delle Decisioni Pubbbliche: dall'analisi costi benefici alle valutazioni contingenti,* Giappichelli, Torino

Florio M. (2002), *La valutazione degli investimenti pubblici. I progetti di sviluppo nell'Unione Europea e nell'esperienza internazionale,* Franco Angeli, Milano.

Hallaert J-J. (2015), *Expenditure Reform: France, Selected Issues,* International Monetary Fund, Washington (D.C.)

Hansen J. (1968), *Guide to Practical Project Appraisal,* Unido, Vienna

Hicks P. (2015), *The Enabling Society*, Irpp, Montreal

Hirschman A.O. (1990), *Come far passare le riforme*, Il Mulino, Bologna

La Spina A, Espa E. (2011), *Analisi e Valutazione delle Politiche Pubbliche*, Il Mulino, Bologna

Monacelli D., Pennisi A. (2011), "L'esperienza della spending review in Italia: problemi aperti e sfide per il futuro" in *Politica Economica*, n. 1

Mogues T. (2015), "Political Economy Determinant of Public Spending Allocations" in *European Journal of Development Research*, Vol.27 Issue 3

Oecd (2015), *Economic Outlook*, Parigi

Ortiz I., Cummins M., Capaldo J., Karunanethy K. (2015) *The Decade of Adjustment: A Review of Austerity Trends 2010-2020 in 189 Countries*, ESS Working Paper No. 53

Pennisi G. (1991), *Economic Planning of Vocational Training*, Oil-Ilo Turin Center, Torino

Pennisi G. (1991), *Tecniche di Valutazione degli Investimenti Pubblici*, Istituto Poligrafico e Zecca dello Stato, Roma

Pennisi G., Scandizzo P.L. (2003), *Valutare l'Incertezza. L'Analisi Costi Benefici nel XXI secolo*, Giappichelli, Torino

Peyrefitte R. (1951), *Les Ambassades*, Flammarion, Parigi

Revesz R. (2016), *Cost-Benefit Analysis and the Structure of the Administrative State: The Case of Financial Services Regulation*, NYU School of Law, Public Law Research Paper No. 16-07, NYU Law and Economics Research Paper No. 16-08

INDICE